和自己說好，生命裡只留下不後悔的選擇

一位安寧看護與臨終者的遺憾清單

布朗妮・維爾——著　劉鐵虎——譯
BRONNIE WARE

推薦序——

為何總要等到臨終才發現自己真正想做的事呢？

我在母校高雄醫學大學開課「生死學與生命關懷」，已五年共十回合，從民國103到108年，目前因選課人數太少而暫停，我改到長榮大學開課「臨終關懷」。有則我很有意見的短文，總要在課堂評論一番：「五件臨終病人覺得要做的事：1.我希望過屬於自己的人生！2.我希望不要這麼努力工作！3.我希望勇於說出自己的感受！4.我希望能跟家人及重要的人聯絡！5.我希望讓自己更開心！」

我解說：「為何總要等到臨終才發現自己真正想做的事呢？1.快死才明白今生都過著屬於別人的人生，那你為何要來人間走這一遭啊！2.健康時總是賣命工作，等到快沒命才發現真相：這個世界上沒有一個工作是值得拿命來換的！3.這輩子都口是心非、言不由衷、敢怒而不敢言，不敢講出真心話，只好逆來順受，這樣活著會不會太辛苦啊！4.活得好好時忙著交際應酬，或和豬朋狗友鬼混，常忽略家人和重要的人，等到臨終最好來得及連絡啦！5.自己不主動尋開心，難道要靠別人讓你開心嗎？活著時不開心，這樣活著未免太無奈吧！」

講幾次後就覺得應該要寫下來讓更多人思考，然後「孤狗」發現：這篇文章在「臉書」、「推特」很紅，出自《The Top Five Regrets of the Dying》，作者是Bronnie Ware。她專門居家照顧臨終病人，有機會聽到很多人臨終前說出他們一生裡最後悔的事：「1.我希望能有勇氣過真正想要的生活（而不是別人希望我過的生活）。2.真希望這輩子沒有這麼賣命工作。3.我希望能勇於表達自己的感受。4.我希望與朋友經常保持聯繫。5.我希望讓自己活得更快樂。」

我本來去年九一一（死得比臨終還多還快）那天就要寫這篇文章，卻一直忙著安寧療護演講而沒空。時報編輯三月下旬來信，邀我掛名推薦這本《和自己說好，生命裡只留下不後悔的選擇》，作者正是Bronnie Ware，我還厚顏向編輯毛遂自薦說：「可以寫推薦序更好」。週六日在台東演講空檔讀著書稿才發現，正如作者的觀念，宇宙中自有神祕力量牽引著，會在對的時機遇到對的人，任何事情自然會來到該走的道路上，原來正是我前段提到的全書譯作啊！

書中的真理當然不只這五點，總計二十二篇故事，包括臨終者與作者交織的生命經驗。末期病人都是我們的生命導師，用他們最後的生命教導我們，不論透過身教或言教，我們必須願意學習才能得到。這是我從事安寧療護二十四年來堅定不移的信念，也是布朗妮女士在書中要告訴我們的陪伴心得與生命體驗。我近年來都說：「人只有兩種死法：一種是有準備，另一種是沒準備。」在此建議大眾閱讀這本書，為自己必然的將來預做準備，以免臨終才來後悔！

高雄市張啟華文化藝術基金會執行長、台灣安寧照顧協會理事
許禮安

CONTENTS 目錄

01

艾格尼絲

開始之前

島嶼生活是種奇妙的體驗，
不僅把我從星期一到星期五的折磨中釋放出來，
甚至還讓我不知道今夕是何夕，
有效地把我從時間束縛中解脫開來。

「我找不到牙齒！我找不到牙齒！」

正當我打算安排下午休假時，熟悉的呼喚傳進房間。我把手頭的書放到床上，走進起居室。一如預期，艾格尼絲站在那裡，看起來迷茫又無辜，露著牙齦微笑著。我倆都爆出笑聲，其實這個笑話沒那麼好笑，因為她不出幾天就會找不到假牙，但我們仍然覺得有趣。

「我打賭妳這樣叫只是要把我叫回來陪妳。」我邊笑邊開始到各處搜尋。外面雪繼續下著，更顯得小屋裡舒適溫暖。

艾格尼絲堅定地搖頭。「才不是，親愛的！我午睡前拿下假牙，可是等我一覺醒來，它就不翼而飛了。」撇除記憶有些喪失外，她可俏皮得很。

四個月前，我看到艾格尼絲徵求陪伴者的廣告後，搬來與她同住。我是旅居英國的澳洲人，原本在一家酒吧工作、寄宿，好歹有個屋頂遮風避雨。酒吧的工作挺有趣的，我也與幾個同事以及當地人建立了美好的友誼。早先學的酒吧技術肯定有用，讓我初來英國便能開始工作，為此我很感恩。但後來改變的時候到了。

離開澳洲後的前兩年，我待在一座熱帶島嶼上，那裡風景如畫，任何風景明信片都描繪不出那份美麗。在銀行工作了十多年後，我感覺必須嘗試把自己從週一到週五、每天朝九晚五的折磨中釋放出來。

四星期後，我辭去銀行的工作，我的私人物品不是出售，就是送到我父母的農場寄放。我在地圖上選了兩座島嶼，選擇的標準就只是地理上適合。除了我喜歡這兩座島的位置，以及島上各有一處度假勝地外，我一無所知。那時是1991年，幾年後手機才大量在澳洲出現，網際網路還不發達，你沒辦法在瞬間找到你要的東西。我寄出求職信後往北走，目的地連我也不清楚。

幾個星期後，我打電話給媽媽，她說收到了一封信，告訴我有一個工作在我選定的島嶼之一等我。在我拚命想逃離銀行工作折磨的心態下，我竟犯了荒謬的錯誤，說我願意接受任何工作；於是幾天後，我來到一座美麗的小島，生活在堆到半人高的髒兮兮鍋碗瓢盆中。

不過，島嶼生活是種奇妙的體驗，不僅把我從星期一到星期五的折磨中釋放出來，甚至還讓我不知道今夕是何夕，有效地把我從時間束縛中解脫開來。我愛這樣。在廚房的時光其實樂趣多多，我還學到好多創意料理，但是這份在熱帶地區無空調廚房裡的工作，既熱又苦，總讓我汗如雨下。幸好，休假日我可以徜徉於壯麗的熱帶雨林，租船到附近的島嶼漫遊、潛水，或只是放鬆一下。

被稱為「碟子豬」一年後，我晉升為吧台。自告奮勇到酒吧工作，為我打開了一扇門，當上了這個夢寐以求的角色。平靜無波的湛藍海水、白沙灘、棕櫚樹搖曳生姿，俯瞰這無價的美景，就不再覺得工作很辛苦。

後來我在酒吧遇到了一位歐洲男士，他提供我一份他印刷公司的工作。對旅行的渴望一直是我生命的一部分，那時我在島上已經生活了兩年多，開始渴望一些不為人所知的變化。當你每天都在同一個社區生活、工作，你的生活隱私便會逐漸變成奢求。

在小島待了幾年後，重返內地生活，會感受到文化衝擊對任何人而言都是意料中的事。但我是從小島生活一下子投入連語言都不通的外國，至少可說是挑戰性十足。在那幾個月裡面，有些不錯的人與我的人生路交會，我很高興經歷了這段時光，但我著實需要一些談得來的朋友，所以再度往英國出發。

我到達英國時，身上的錢只夠買張旅遊卡，去找那個我在這個國家唯一認識的人，於是，帶著僅存的一英鎊六十六便士，我的生命開啟了新的篇章。

臉上總是帶著可愛的大微笑，滿頭稀疏白色鬈髮的聶夫，是個愛好葡萄酒的專家，在哈洛德百貨公司葡萄酒部門工作對他來說再合適不過。那天是哈洛德百貨夏季特售會的第一天，我剛搭夜班渡輪橫渡英吉利海峽下船，當然看起來像個流浪漢流浪到了這個氣派繁忙的場所。

「嗨，聶夫，我是布朗妮。我們見過一次。我是菲奧娜的朋友。你幾年前在我的懶骨頭沙發上睡過。」我在櫃檯前露出開朗的笑容對他說。

「喔，當然啦，布朗妮，」我很欣慰地聽到。「怎麼啦？」

「我需要一個地方待幾個晚上，請你幫幫忙。」我滿懷希望地說。

聶夫把手伸進口袋裡拿鑰匙，回答說：「當然，拿去吧。」就這樣，我找到了「keyman」，他讓我睡他的沙發，又指示我怎麼去他的住處。

「可以再借我十鎊嗎？」我樂觀地問。他毫不猶豫地從後口袋掏出十鎊來。我以最開心的笑容答謝他，就這樣，我的問題解決了，我有了一張床和食物。

我本來打算向一本旅遊雜誌毛遂自薦，那天早上我拿了一本當天出刊的雜誌，回到聶夫的家，打了三通電話。隔天早晨，我就到索立（Surrey）一家供食宿的酒吧面試。當天下午，我便住進酒吧，太完美了！

這樣的生活過了兩年，我交了新朋友，也有新的羅曼史，那是一段歡樂時光。鄉村生活很適合我，有時讓我憶起島上的居民，而身邊又是我喜愛的人。我們離倫敦並不遠，出去走走十分方便，這段旅程大部分我都非常樂在其中。

但更深入的旅行在呼喚我，我想看一看英國中東部。幾乎才下定這個決心，陪伴艾格尼絲的廣告就抓住了我的視線，因為地點就在鄰郡。經過一次面試，工作就到手了，農夫比爾知道了我也出身農家，他的母親艾格尼絲已坐八望九了，她灰髮及肩，聲音開朗，大腹便便，每天幾乎都包在同一件紅灰羊毛衫裡。他們的農場距離我的住處只有大約半小時車程，休假時想見見朋友還挺容易的。

但我入住後感覺就像到了一個不同的世界，農場非常孤立，因為我得從週日晚間直到週五晚間，全天候陪伴艾格尼絲。每天只有下午兩小時的自由時間，不容許我有太多社交活動；不過我還是利用這段時間，偶爾與我的英國男孩相聚。

狄恩是個討人喜歡的人，從我們相遇的第一分鐘，幽默便把我們聯繫起來。對音樂的熱愛也促進我們的關係。可惜的是，那時我最常待的地方不是狄恩的公司，而是常被大雪困在屋裡，和艾格尼絲在一起忙著找她的假牙。令人想不通的是，一個人怎麼能在這樣小的家，找到這麼多不同的地方掉假牙？

她的狗「公主」是隻十歲的德國牧羊犬，到處掉毛。我依照過去的經驗，抬起牠的臀部，察看下面有沒有假牙。結果今天運氣不好。

我們搜尋時，艾格尼絲會和我一次又一次地互撞。

「假牙不在這裡。」她會從臥室這麼呼喊。

「假牙也不在這裡。」我會從廚房回答。但最後，我會發現自己在臥室而艾格尼絲在廚房尋找。小小一個家裡，就這麼多房間好找，所以我們全不放過，好加倍確定。這一次，假牙滑進躺椅旁邊她的編織袋裡面。

「哦，妳真是個寶貝，親愛的。」她說，邊把假牙放回嘴裡。「既然妳人在這裡，來和我一起看電視吧。」這是一個老招數了，我邊微笑邊順應了她的請求。這位老太太獨居了很長一段時間，樂於有人陪伴。我的書可以等待。這完全不是那種在最好的時候不得不做的費勁工作，只是陪伴一下而已，而如果她在我工時外有需要，也沒什麼關係。

一成不變對很多人相當受用，我則變化愈多人愈來勁。**但一成不變的生活自有其價值，當然對很多人來說也最適合，特別是他們年紀日漸老邁的時候。**艾格尼絲有每週例行活動，也有每日例行活動。每逢星期一，我們會去看醫生，因為艾格尼絲必須定期驗血，這項約診的時間每週固定。不過每天做一件事就足夠了，不然會影響她下午例行的休息和打毛線。

不管晴時多雲偶陣雨，公主隨時跟著我們四處去。小卡車的升降臺會先降下來，老狗會耐心等待，猛搖尾巴。上車後，沿路我便會覆蓋在沙色狗毛下。

每週二是在附近村莊買菜和雜貨的日子。此後我陪伴的老人，大多非常節儉，但是艾格尼絲相反，她總是想買東西給我，尤其是我不需要或不想要的東西。

星期三是玩賓果的日子，又會前往當地的村莊。艾格尼絲的視覺日漸惡化，所以我是她的眼睛，負責幫她確認賓果。她看得到數字，聽覺相對也比較好，但是她劃掉每個數字前，都要跟我確認一下。我愛那裡所有的老人，我年近三十，是唯一的年輕人，這讓艾格尼絲感覺與眾不同，她形容我為「我的朋友」。

「我和我的朋友昨天去逛街買東西，我買了些新內褲給她。」她會認真又自豪地向她所有玩賓果的朋友宣布。每個人都會點頭，對我微笑，我則坐在那裡心想：「噢，天哪。」

她會繼續講：「她媽媽從澳洲寫信給她。那裡現在非常熱，你們知道吧。她還有了個新侄兒。」老人們會再次點頭微笑。

星期四是我們唯一在外面午餐的一天，那是我們出外的大日子，公主當然包括在內。我們會開車到肯特的一座城鎮，與她的女兒共進午餐。

依英國標準，三十英里距離很長；但對澳洲人來講，才只在路那頭而已。我們對距離的觀點，頗有文化差異，在英國，你開兩英里的車，就能到另一個村莊，這裡口音跟前一個村莊完全不同，即使你在另一個村莊已經住了一輩子，你也可能一個人都不認識；在澳洲，你可能為了一條麵包開五十英里，你的鄰居可能住到遠得他們向你問好要打電話，或者用雙向對講機講話的地步，但是他們仍然認為你是鄰居。

星期四這出門的大日子，對艾格尼絲的確不能等閒視之，對我而言也是個悠閒開車的好機會。她的女兒個性溫柔，我們碰面總是十分愉快。她們倆總是吃農家午餐：牛肉、乳酪和醃菜。

英國人愛醃菜的程度常常令我驚嘆不已。不過，這裡也是適合素食者的好國家，所以我的選擇從來不至於非常有限。這裡這麼冷，我通常喜歡來碗暖胃的湯，或者一盤可以吃得痛快淋漓的通心粉。

星期五不出遠門。我們住在牧牛場上，有自家的肉店，牧牛場由艾格尼絲的兩個兒子經營，我們通常星期五上午出門去肉店，雖然艾格尼絲堅持慢慢來，一切要打量得非常仔細，但她每個星期買的東西完全一樣，一成不變。切肉的店員甚至提議幫她送貨，但她通常會禮貌地拒絕。「非常感謝你，但是我一定要來這裡自己選擇。」

我直到現在依然是素食主義者，縱使我不主張吃肉，但我也了解這一行和他們的生活方式，在那些日子裡，我住在跟我長大的地方頗為相像的牧牛場，看到了英國乳牛和澳洲乳牛受到的對待有多麼不同，這總令我驚嘆。

英國乳牛有溫暖的穀倉，而且每隻都受到關注；但是，澳洲的乳牛不必忍耐英國的冬天。不過，結識這一隻隻乳牛仍然讓我非常傷心，因為我心裡知道，過段日子我們可能會在肉店買牠們的肉。我很難平靜接受這件事，也從未真正平靜過。

儘管我試著保持沉默，我對我的家庭選擇的生活方式也願意尊重，但為了吃素這件事，家裡還是出現很多異議。我從來都不是那種大力鼓吹素食或純素之道的人，不過，看了我在成長過程中所見的一切，又參加了學校舉辦的一次屠宰場之旅留下畢生難忘的傷痕之後，我確切明白為什麼有些素食人士對宣揚素食如此大聲而熱切。當你鼓起勇氣誠實地看這些行業，以及牆壁後發生的事情，確實令人心碎。

但我寧願過平靜簡單的生活，只是以身作則，尊重每個人過他認為合理生活的權利。只有有人問我有何信念時，我才會說。不過，有趣的是，多年來有些肉食者幾乎是陌生人，卻在毫無衝突的情況下攻擊我，只因為我選擇不吃動物。所以，當艾格尼絲質疑我為什麼吃素時，我猶豫了一下。她的生存基礎就是來自他們的牧場收入。實際上，我猜想我也是，只不過我與此沒有直接的關係。我接受這份工作，只是想要存錢和點亮一位老太太的生活。

但她打破砂鍋問到底，所以我告訴她我小時候看到牛羊被殺時的感覺、我如何受到這些經驗的影響、我多麼喜愛動物以及我如何注意到牛隻知道牠們即將死去時會發出不同的叫聲。牠們恐慌的聲音一直困擾著我。

就這樣，艾格尼絲當場宣布她也要吃素。噢，天哪！我要怎麼向她的家人解釋？

不久後，她對兒子說起這事，他後來對艾格尼絲說，他希望她繼續吃肉。但一開始她毫不讓步，後來才終於接受了每週一天吃紅肉，每週一天吃魚，另一天吃雞。她家人在我休假時餵她，好讓她也能吃肉。

不過後來我們才知道，艾格尼絲同意她的兒子比爾，只是為了保持和平，她根本不打算吃任何肉類。於是我在剩下的冬天至春天的幾個月，為我們準備了堅果烤麵包、美妙的羹湯、豐富多彩的炒菜和美味的披薩等素食盛宴。我覺得艾格尼絲可以愉快地吃雞蛋料理過活，當然還有烤豆子，畢竟她是英國人，而英國人真愛自己的豆類。

雪融化了，水仙跟著開花，春天降臨。艾格尼絲和我卸下冬季大衣和帽子，又過了幾個月相同例行的生活，享受著春天的陽光。我們是兩位非常不同世代的女士，日復一日挽著手臂走動，不斷分享笑聲和故事。

但旅遊蟲又在我身體裡面呼喚了，我和艾格尼絲從一開始就知道我會離去。我也想念狄恩。週末相聚的時間不再足夠，我們都渴望結伴旅行。艾格尼絲登了徵人的廣告，我們共處的日子也開始倒數。與艾格尼絲生活的那幾個月是美好又特殊的經歷，雖然我大半把它當作一份工作，同時滿足我的旅遊渴望，但陪伴她仍是美好的工作。

這比我拉開啤酒罐要愉快得多。我寧願幫年老體弱的人穩步向前，也不願幫喝醉的年輕人，更別說喝醉的老人。我在島上和英國酒吧工作時，幫過很多喝醉的人，與其清理骯髒的菸灰缸和空玻璃酒杯，我更喜歡找尋老太太的假牙。

狄恩和我前往中東旅行，在那裡我們見到千差萬別但迷人的文化（還吃了一大堆美食），令人驚嘆。離開差不多一年之後，我回去拜訪艾格尼絲。另一位澳洲姑娘取代了我，艾格尼絲在扶手椅中睡著後，我們愉快地促膝長談，彼此分享許多故事後，她坦言比爾跟她面試時，問的第一個問題讓她有點困惑。我問是什麼問題，她告訴我時，我不禁爆笑出來。

比爾問的第一個問題是：「妳不吃素吧？」

02

露絲

有時候，你得到的比想像的多

如果我們能夠在死亡之前，面對自己，
誠實接受死是不可避免的事，
那麼我們便可及早轉移我們生命中的優先事項，
有機會把精力放到真正有價值的事情上。

經過在英國和中東的那些年後，我終於回到我心愛的澳洲家園。我整個人變了，旅行後多半如此。我返回銀行業的工作崗位，很快就清楚這份工作無法再滿足我。客戶服務是銀行業角色唯一的亮點，而要在任何城鎮找到工作都很容易，對我的工作生涯，我是既不安又不快樂地近乎絕望。

我也開始表現創意。我當時住在西澳大利亞，有天坐在柏斯的天鵝河邊列了兩張表。一張列表是我擅長的技能；另一張是我愛做什麼。從這裡，我不得不承認，我體內有某種藝術家的特質，因為兩張列表裡面唯一重複的是創作。

「我能想像自己成為藝術家嗎？」我心想。儘管成長過程中身邊不乏音樂家，但找個可靠的「好工作」的觀念也常存我心，這是為什麼沒有人能理解我待在穩定的朝九晚五的銀行生存遊戲中還會躁動不安的原因。那些是「好工作」——緩慢地但肯定會置我於死的好工作。

我展開密集的反省，努力想我能把什麼做好，但同時樂在其中。那些時刻十分艱難，因為一切都在我身心裡面改變。我終於獲得結論，我終究可能不得不從事發自內心的工作，因為只從事理智工作已經讓我太過空虛和不滿。於是，我開始透過寫作和攝影發展創作技巧，從而引導出詞曲創作和表演，整個過程漫長而迂迴。這整段時間我仍然在銀行工作，只不過大多僅是臨時員工，全職工作的那一大套，我完全無法再忍受了。

柏斯較為偏遠，雖然我喜愛在那裡生活，但和我珍惜的人見面更方便的願望，終究讓我接受了東部各州的呼喚。所以我橫越納拉伯大平原，穿過弗林德斯山脈，沿著大洋路，直上新英格蘭高速公路，直到昆士蘭，成為我下一段生命的家園。

狄恩，這位在英國和中東時與我同行的男子，和我一同搬回澳洲，我在新南威爾士州的家鄉。

沒想到，我們搬遷回新南威爾士州不久後，關係走到了盡頭。多年來我們彼此深深相愛，大部分時間是最好的朋友；但我們眾多生活方式的差異，再也不能被掃進地毯下或者一笑置之了，雖然我們以前這麼做。

我是素食主義者；他吃肉。我一整個星期在室內工作後，渴望整個週末過戶外生活；他在戶外工作了一週，希望整個週末是在室內。兩人差異的列表繼續下去，而且似乎一週多過一週。我們個人喜歡的事情，不再讓另一人欣喜。眼睜睜看著我們的友誼分裂是一種毀滅性的打擊，然而兩人都喜愛的音樂仍然把我們連在一起，又讓我們維繫了一陣子。但最終，我們之間的溝通管道失去了力量，我們各自與自己的損失作戰，眼見我們共同的夢想在眼前崩解。

關係結束令人心碎，緊接著而來的是痛失所愛的哀愁。當我蜷縮成團抽泣，只願我們可以走下去時，我心裡知道沒辦法。生活從不同的方向呼喚我們，而我們的關係正阻礙我們的人生路，而不是幫助我們走下去。

搜尋更多我生命意義的動機增強了，結果工作問題凸顯出來。作為藝術家是非常艱難的生存方式，在作品獲得知名度和佳評前，你往往必須暫時找到一個新方向，這個事實讓我醒來。以藝術家身分立命終究可能成功。如果我能勇敢作夢，我終究能夠做成。

但我必須賺錢，而且必須在我心甘情願從事的領域做事，容許我做天生的自己。在銀行業銷售產品的壓力增加了，而我也改變了太多。我不再適合那個世界——如果我曾經真的適合過的話。我決心繼續創作之旅，於是再度選擇了擔任居家照護的工作，至少我可以不必困在房租或者抵押貸款的折磨中，也可以把我從僵化的例行生活中釋放出來。

儘管多年的思考導引出這結果，但最後決定卻幾乎是偶然、輕率的。我那時沒想到我渴望這麼一份適合我心的工作，如此清楚地讓人聽到了，而接下來的這些年將會是我生命如此有意義的部分，以及我生命的志業。

兩個星期內，我已經搬進雪梨最獨特的郊區之一，海港邊的住家中。露絲被年邁的兄弟發現暈倒在自家的廚房地板上後，在醫院住了一個多月才獲准回家，但必須有人二十四小時照顧她。

我在看護行業，只有幾年前陪伴過艾格尼絲的經驗。我不曾照顧過病人，我也向僱用我的機構坦誠以對，但他們並不介意。願意和病人住的看護是有價商品，他們不會讓我溜出他們的人力網。「只要假裝知道妳在做什麼就好了，如果妳需要任何幫助，打電話給我們。」感謝老天，歡迎加入看護遊戲，布朗妮。

我天生對人感同身受的能力，讓我能為初識者服務得相當不錯。我只是把露絲對待得好像我自己珍視的外婆一般。我迎合她的需要，解決了各種問題。社區護士每隔幾天會來探視，問一些我答不出的相關問題。因為我十分坦誠，結果她幫了我好大的忙，讓我了解藥物、個人護理以及這一行的行話。

我的雇主也不時來探訪。只要客戶滿意，他們也滿意，很快就走了。他們不知道，我很快就把我的情緒和體力消耗殆盡。連我自己都還不知道我的狀況哩。

露絲的家人很滿意，因為我把露絲寵上了天。服務內容有足部按摩、修指甲、做臉，還有邊喝茶、邊講不完的宜人床邊談話。就像我說的，我對待她，就好像對待我自己珍視的外婆一樣。我不知道還能用什麼方式對待她。

當露絲搖鈴，鈴聲響徹靜謐的夜晚，我會飛身下樓，扶她到床邊的馬桶上廁所。「哦，妳真迷人。」我進來時她會這樣對我說。她對我的魅力印象是，有時我把頭髮紮成髻就寢，其實這只是因為我太疲憊了，一時沒時間把髻解開；而所謂的「迷人」睡衣是在我母親的堅持下，我才收下的。

「妳不能在別人家裸睡，或者穿任何舊的東西，」媽媽哀求。「請收下這個，答應我妳會穿上。」為了尊重親愛的母親的願望，我穿了絲緞睡衣睡覺，一個晚上「半夢遊」到露絲的臥室四、五次，眼睛拚命想睜開，渴望從疲憊的狀態中得到解脫。露絲隔天也整天需要我，所以幾乎沒有補眠的機會。我也做家務，是利用露絲午睡時解決的。

她坐在馬桶上時，也想和我說話。經過多年獨居生活，露絲喜歡備受關注。我也很享受我們的友誼，除了聽她說三十年前在某某晚宴用了什麼樣的杯子和碟子以外。當她半夜三點在馬桶上聊天時，我的身體只渴望回到床上。

在這幾個星期裡，她的女兒希瑟每隔一兩天會來探訪，好像一縷新鮮空氣一般，我覺得和她相處頗為愉快。露絲的兒子一家住在鄉下，要是希瑟沒提她的弟弟，很容易就忘記他的存在，他在他母親的生活中扮演的角色並不積極。

露絲守寡幾十年來，希瑟是她的支柱。露絲的哥哥詹姆斯也幫了忙，他每天下午會從約一英里外的家漫步過來，你可以根據他的造訪判定時間。日復一日，他會穿著相同的毛衣出現。他已經八十八歲了，終身未婚，頭腦清楚，是個很棒的人，認識他和分享他簡單的生活，對我真是樂事一樁。

不過露絲的病情並未好轉，一個月後，她仍然臥床。接著又做了更多的醫療檢查，就在那時，醫院告訴我，她來日不多了。

我走向海港，淚眼模糊，一切都感覺超出現實。孩子們在淺水區嬉戲，掛在海灣上的天橋隨著愉悅的人群走過而輕輕搖擺，渡輪駛往市中心的圓形碼頭。我好像作夢般走著，身旁笑聲響起，是一群野餐的人發出的。

坐在砂岩懸崖旁，流水幾乎就在我腳下，我抬頭看著美麗的天空。那是個完美的冬日，溫暖的陽光好似唇膏一般。雪梨在冬季從不酷寒，不像歐洲的冬天。這是個美得脫俗的日子，一件薄大衣就足夠了。我和露絲已經有了感情，想到她要離開人間，我心中痛苦難抑，淚水撲簌而下。我知道我將失去她。

我在牧牛場長大，又待過牧羊場，看過很多瀕死或死亡的動物。這對我不是新鮮事，但是我總是對此非常敏感。我們的社會已把死亡關在外面，幾乎否認了死亡的存在。這種拒絕，讓垂死者及其親友對這件不可避免的事情毫無準備。我們都會死，但是我們不承認死亡的存在，反而把它藏起來。這好像是我們在努力說服自己「眼不見，心不煩」真的有用。但事實並非如此，因為我們試圖透過物質生活和其他可怕行為來肯定自己。

如果我們能夠在死亡之前，面對自己，誠實接受死是不可避免的事，那麼我們便可及早轉

移我們生命中的優先事項，有機會把精力放到真正有價值的事情上。儘管我們不知道此生還有多少年、多少週或者幾小時，一旦我們承認所剩時間有限，就不會那麼畫地自限，或者太在意別人對我們的想法。取而代之的，是我們更會被我們心中真正想要的所驅動。**承認我們必然日益接近死亡，為我們提供了機會，在我們的餘生裡找到更大的目的和滿足。**

我後來體認到這種拒絕面對死亡的現象，對我們的社會是如何不利。但在當時，在那個陽光明媚的冬日，我完全不知道露絲接下來的日子會如何，而我照護她的角色又會有怎樣的發展。我把後腦勺靠在砂岩壁上，向上蒼禱告賜予我力量。

在我成長過程和成年生活裡，我面臨過很多挑戰，我相信要是我沒能力做這份工作，我不會被帶到這裡。但這對減輕我的悲傷和痛苦甚無助益。坐在那天溫暖的陽光裡，默默流著淚，我知道我必須做一項工作——在露絲最後的幾週極盡所能給她幸福和安慰。

我坐了良久，沉思生命，深刻地自問怎麼沒有預見這個未來。然而，我也接受我有禮物要與露絲分享，而這正是命運要求我做的。終於，我站了起來，心意堅定地走回屋內。

我要把我最好的東西注入這個情況，以後再補眠。

我的老闆那天稍晚時過來看我，我解釋說我連死人都沒有見過，更不用說照顧瀕死的人，但他對我的話充耳不聞。他說：「我們都愛妳，妳不會有事的。」我接受了他的話。

從那時起，露絲惡化的速度相當快。隨著她的需求增加，其他看護在我休假時來減輕我的負擔，雖然我負責監督全局，但是，至少睡眠不再是奢求了。

這些天仍然是特殊的日子，屋裡往往就只有露絲和我兩個人。安靜的住宅區裡，偶爾會有笑聲從下方海港邊的公園穿過樹木傳來。希瑟會路過探訪我們，詹姆斯和一些相關工作的專家也會來。待學習的東西多得不得了，我在這個角色中獲益良多，當時我並不全然了解。我做一切必須要做的事，也向我可以找到的人問了很多問題。

一天早上，我正要離開休兩天假，滿懷期待地出城拜訪我的表弟，並在這陣子辛苦後享受一下輕鬆時光，忽然我聞到從臥室飄出一股氣味。夜班看護無奈地放下手上的八卦雜誌，幫助我清理這位溫柔的女人，從她身下幫她換床單。我們把露絲清理乾淨，讓她休息，疲憊不堪的她馬上沉沉睡去。

那天稍晚，我和表弟坐在屋外的灌木叢中，我一心掛念著露絲。我的表弟個性隨和幽默，我樂於和他一起，但是我不可能在外面待兩晚，露絲佔滿我的思緒，而我確信她沒剩多少時間了。

我在表弟家待了才幾個小時，我的雇主就打電話來，說露絲已經進入彌留了，問我能不能回去？我大約天黑時抵達，還沒走進門，已經感受得到屋內的憂鬱情緒。希瑟跟她丈夫已經到了，還有剛剛抵達的新夜班看護，她是個可愛的愛爾蘭女孩。

希瑟問我，如果她回家，我介不介意？我輕輕回答，她必須做她覺得對的事；所以她就回家了。她離開後，我對眼前的情況有點難以接受，我只能想像自己的母親即將死亡，而在她離開人間時我會怎麼在她身邊呼天搶地。

有人說，一切都可歸結到愛或恐懼：每種情緒、每個動作和每個念頭。我的結論是，恐懼推動了希瑟剛才那個決定，為此我心中對她生出一股慈悲和愛。從我們認識開始，我就發現她很踏實，也有些跟人保持距離；但我對眼前這種情況感到生疏，我希望不會因為希瑟處事和我不同，就讓我的信念和制約反應影響我對露絲的尊重。

我和另一位看護愛琳坐在黑暗的房間裡，慢慢接受了並尊重希瑟的做法。她已做了她必須做的，因為她已盡其所能了。幾十年來，她一直把她母親的生活保持得有條有理，她自己的家庭也是如此，她已經付出能付出的一切，身體和情緒都垮了，她已無法負荷，只想記得她媽媽平靜睡著的模樣——希瑟離開時，露絲睡得很平靜。我尊重地微笑，露出理解的表情。

後來，在事後與希瑟的談話中，我發現露絲先前已經暗示希瑟，希望希瑟別在她身邊送終。希瑟很了解她母親，懂她的願望，所以，她離開是出於愛，完全不是出於恐懼。於是，在此後的歲月裡，類似的情況不再讓我感到陌生。並非每個臨終者都希望家人在身邊，他們在有意識時告別，寧願由看護陪著他們斷氣，而讓他們的家人保存其他的回憶。

愛琳和我在露絲房間裡低聲講話，死亡的氣息揮之不去。愛琳向我解釋，若是在她家，房裡將滿滿是人，阿姨、叔叔、表兄弟姊妹、鄰居和孩子，大家都會來告別送終。

我們不時陷入沉默，兩人都看著露絲，注視並等待。我靜靜地從心中發送對露絲的愛，夜晚凝滯得令人難以置信，愛琳和我又聊了一下，然後又陷入沉默。和她分享這個經驗很美，因為她關心，她這麼做非常自然。

「她眼睛睜開了，」愛琳突然對我說，看來嚇了一跳。露絲到目前為止，一直處於半昏迷狀態。「她在看你！」

我走近床邊，握住露絲的手。「我在這裡，親愛的。沒事。」

露絲直視著我的眼睛，片刻後，她的神魂開始離開身體。她身體抖動一下，然後一切靜止下來。

瞬間，淚水滾落我的雙頰。我默默地在心中對露絲說話，感謝我們曾分享的一切，告訴她我愛她，也希望她一路好走。那是個非常虔誠的時刻，充滿了寂靜與愛，我站在漆黑的屋子裡，所有感官張開，靜靜地想我與她共處的這段時光她賜給了我什麼樣的祝福。

忽然，露絲的身體令人驚訝地大大吸了口氣。我往後一跳，心臟噗通噗通地要跳出胸口，嘴裡罵出聲，「見鬼了！」

愛琳笑我。「這很正常，妳知道吧，布朗妮。我們常見到這種事。」

「好吧，謝謝妳告訴我。」我震驚地回答，向她微笑。我的心怦怦直跳，崇敬氣氛一時間煙消雲散。我退回床邊，心裡十分猶豫，小聲問愛琳：「還會再來一次嗎？」

「有時候會。」

我們沉默地又等了一分鐘左右，我自己幾乎沒有呼吸。「她走了，愛琳。我能感覺到她走了。」我開口說。

「上帝保佑她。」我倆同時悄然說出。我們把椅子移近些，在露絲身邊坐一會，靜默得幾近神聖，滿心敬愛。經過前面那一刻的恐懼後，我需要放鬆一下。

希瑟和我的老闆交代我在事情發生時，打電話給他們，我照辦了。那時大約凌晨兩點半，他們已經沒有什麼好做的了。那天早先我受到指示，該如何處理，所以我請來醫生，開立死亡證明，之後再打電話給殯儀館。

愛琳和我坐在廚房裡，一直到破曉時，露絲的身體送走了。在等待的時刻中，我們不時回去看露絲，縱使她已離開，我們仍然強迫性地照顧她的身體，我不喜歡她單獨在房間裡。

第二天，他們要我繼續看顧露絲的家。希瑟說，要處理好這塊地產可能要好幾個月，與其讓房子空著，他們覺得有人住更安全。於是我後來繼續在露絲家住了一段時間，這對我的身體狀況是個福氣，留在我已經熟悉的地方也很好。

我已經認知到全天候的看護工作太過於勞累，我做事從來無法半途而廢，我明白以後陪伴病人這工作我必須每晚回家，好在空班時與病人分開。看護工作對我的要求，遠遠高於簡單的陪伴。

接下來的幾個月，希瑟把露絲的私人物品搬去別處，我在一旁協助。她的物質世界一次被拆除一塊，就像發生在每個人身上的一樣。我過了這麼久遊牧生活，對擁有太多東西仍存有反感，因此，希瑟好心要給我許多東西時，我拒絕了。那些只是物品罷了，雖然曾屬於我的朋友露絲，但我知道對她的記憶會常駐於心，後來也的確如此。

不過，我確實愛上了幾盞老燈，它們至今一直跟著我。

後來我接到參加新居喬遷派對的邀請函，露絲的家後來被新屋主拆卸，變成了現代的水泥建築，幾十年來在夏季時光為整個家鋪上香氣的老素馨樹，眨眼間遭砍除，取而代之的是一座游泳池。

新主人對花園裡橫跨樹間的蜘蛛和牠們的結網一直不舒服；然而，露絲和我以前會坐在陽光灑進的房間中，觀看金球蜘蛛織網，蛛網強韌到你可以抬起來好從下面走過去，這是我倆都喜愛並分享的奇蹟。站在泳池附近，看著所有取代愛心澆灌而成的古早花園的時尚新植物，我很高興地看到一隻金球蜘蛛在一株新植物上，編織牠的網。

我面帶微笑，把愛送給露絲，知道那天她正以她的方式拜訪我。她的家可能不見了，但她的精神與我同在。我感謝新屋主的邀請，我們聊了一會，就告別了他，沿著海港散步。我坐在最初聽到露絲罹患絕症的地方，我對我們所曾分享的一切以及我從我們交往中學到的一切深深感激。

在那個夏天的某一日，我微笑著體會到，那時候我得到了多少，遠多於僅僅是免房租而已。隨著快樂的一天在我面前展開，我繼續心懷感激地微笑，我的視線迎向了那隻金球蜘蛛，我了解露絲已經還我一笑。

03

史特拉

誠實和屈服

我看著高潮捲退而去，我想起了屈服、放下的重要性，
並允許自然編織它的魔力。
那股平衡潮汐的力量，
季節來來去去只見完美的力量，
那股創造了生命的力量，
同樣的力量一定能帶給我所需要的機會。

露絲離開人世後，我接了幾個臨時的班，在交班時，我會遇到其他看護，這是與其他工作人員交往僅有的短暫時刻。在整個漫長的十二小時輪班裡，沒有球隊的戲謔或笑聲，因為交接是我們彼此見面的唯一時間，客戶、偶爾路過探視的客戶家人和醫療人員成為僅有的接觸，這使得看護與客戶間的關係更加親密，而這也給了我時間，偶爾可以閱讀、書寫、繼續練習我的靜坐冥想，或者做一些瑜伽。

走進史特拉所住綠樹成蔭的郊區家中，情況肯定是如此。不只是因為她病危了，她就是個平靜溫柔的人。史特拉有一頭長直的白髮，儘管她臥病在床，我們見面時，「優雅」仍是我心中浮現的第一個詞。她的丈夫喬治是個美好的人，動作自然地歡迎我。

我成了史特拉固定的白天班看護。社區護士會來訪，安寧療護的醫生也是，在接下來的幾年，我常看到這位醫生和多位客戶在一起，時間很短，而他是這麼的特殊、讓人愉快而善良的人。

經過露絲的經驗後，老闆說我處理得很完美，如果我想走這條路，他願意提供我更多安寧療護的培訓。我接受了這個提議，因為我覺得生活正呼喚我朝這個方向走，和露絲在一起的時間與學習對我產生了深遠的影響，讓我產生在這個領域繼續成長、體驗的願望。然後，老闆讓我去照顧史特拉，並告訴我，不要告訴他們我只有過一個安寧療護的客戶，她相信我可以做這份工作，我也這麼相信。

誠信一直是我個性重要的一部分；但是，當病人家人問到我的經驗時，我發現自己說了謊，一切只是因為我需要這份工作。有關工作人員資格的新法規也愈來愈多，而我沒有任何資格，雖然我沒辦法光靠講述我以往的經驗證明我的技能，然而我也想讓史特拉的家人對我放心。我心裡知道，我可以把這份工作做好，因為它最需要的是溫柔和直覺，這比什麼都重要，於是我繼續圓謊，他們問我時，我說了比我曾照料的人數要多的數目。不過，說謊對我來說是如此不舒服，以致我再也無法對另一個客戶這麼說。

史特拉非常重視衛生，每天都要求睡乾淨的床單，她也很有淑女風格，堅持穿著與床單顏色和圖案搭配的睡衣上床。喬治有天向我笑著說，他有次選錯了床單，和她想穿的睡衣不搭，結果惹上了麻煩。我大笑對他說：「不管什麼，只要讓她開心的，就隨她吧。」這句話，我對所有未來客戶的家屬幾乎都說過。

就這樣，和我閒聊、問我生活種種的這位高挑優雅的女人，最後就是躺在她選擇的床單和睡衣裡離開人世。

「妳靜坐冥想嗎？」史特拉曾這麼問道。

「是啊。」我高興地回答。這問題出乎我的預料。

史特拉繼續問：「妳走哪一派？什麼路子？」我跟她講，她理解地點著頭。

「妳做瑜伽嗎？」她問道。

「我做，」我回她。「但沒有我想做的那麼多。」

「妳每天靜坐冥想嗎？」

「每天，一天兩次。」我說。

片刻後，她用溫柔的聲音回答說，「哦，感謝上帝。我已經等了妳幾百年了，現在我可以死了。」

我聽了忍不住微笑。史特拉當瑜伽教練已經四十年，遠超過瑜伽成為西方文化常見事物的時間。那時，瑜伽還是從東方傳來的奇怪東西。她曾去過印度幾次，對修行之路十分投入。

她的丈夫是位退休的專業人士，仍然在家工作。他慢條斯理地走來走去，我很喜歡他出現。他家的圖書室滿是靈性的經典之作，許多我已讀過，許多我想讀但還沒有讀到，那真是讀者的夢想成真，特別是對哲學、心理學、靈性感興趣的人，我盡可能吞噬這些精神糧食。

史特拉會從睡眠中翻動身體，問我在讀什麼書，在看書中哪些地方，並發表評論。她對這些書全都懂，當她精神好得可以長時間交談時，我們談的總是哲學，我們分享許多理論，發現我們的思想差距並不很大，可惜這種時刻不多。

我的瑜伽練習也大有進步，給人看見時，我覺得無須有所隱藏，或者去另一個房間。史特拉臥室的門從來不關，所以新鮮空氣隨時暢通地吹拂，這是一個可愛的工作空間，史特拉有隻安靜的白貓叫做「瑜伽士」，牠會趴在床腳看我。由於附近的下午特別平靜，所以那些時間我最常用來舒展身體和呼吸。

我常以為史特拉睡著了，但她會就我在做的動作指點一下，還告訴我怎麼改進，或者嘗試另一個類似的姿勢，也許是更充滿活力和挑戰的體位法，然後才又打起瞌睡，讓我十分高興。

我在史特拉的臥室時，了解到自己如何沒有真正與我的練習聯繫起來，因為我仍要靠老師讓我與瑜伽產生聯繫，而不是靠自己。拜她的指導之賜，這種情形就此改變。此後我還開心地上了其他課，因為這些課可讓我更進一步，比我自己在家練習容易進步。上這些課也是與志同道合的人會面的極佳方式，不過我不會放棄在家自己練習，因為練習本身即是老師。史特拉已在她的關門學生身上烙上印記。

她最大的挫折是她已經準備死了，卻死不了。我曾在某個上午到她那裡，問她感覺如何。

「嗯，那妳認為我感覺如何呢？」她回答。「我還在這裡，而我並不想。」

她無法再靜坐冥想了，史特拉修練多年後，已透過冥想與內在聯繫得很好，她認為現在回老家是自然不過的事。事實上，她認為她的練習將增加，但是增加練習的人是我。每天下午，當她又恍惚睡去後，我會開始下午的靜坐冥想。

「妳真幸運，」她稍後會對我說：「這真令人沮喪。我不能冥想，又不能死。」

「也許妳還在這裡是為了我。或許還有一些東西是我必須向妳學習的，這就是為什麼妳的時間還沒到來的緣故。」我暗示說。

她點點頭。「我可以接受這個說法。」

正如任何兩個人互動時的情況，我們相遇是為了向彼此學習。當我討論起屈服的主題，史特拉在她心裡找到更多的平靜。當我坐在床邊，講到昔日種種，講到學習放下，她饒有興味地聽著。

多年來，我懷著對冥冥中的大神的大信心，從一個地方換到另一個地方。我告訴她，我多年前如何打算搬到比較涼爽的地方一陣子，就只帶了一罐燃料、五十塊錢往南方上路。我心中想著新南威爾士遠方南部海岸的一座城鎮，就往那個大方向去了。我沿途訪友，找到幾天的工作，這讓我得以繼續旅行。由於已經遊牧許久，此處我到處有朋友，與他們再次見面真是美妙，有些人我已將近十年沒見了。我終於到達了想去的城鎮，但身上幾乎囊空如洗。

在岬角上一座大篷車公園有城裡最佳景觀，俯瞰著壯麗廣闊的太平洋，於是我把車停在那裡待一晚。我探查了在城裡工作的機會，事情最初看起來有點挑戰性。但那時是秋天，一年裡面我最喜歡的時間，所以我享受了幾天超好的天氣，走了很多路。

不過，我不可能持續支付在大篷車公園居留的租金，我的錢所剩無幾，而我在那裡真的只是想淋浴一下和當作一個基地，由此接觸一些人。所以我買了一些食物，往灌木叢前進，跟著標誌前去不遠處的內陸河。我之前靠對老天的大信仰過了許多關卡，知道我又一次必須迎頭面對恐懼，如果我打算單純透過信念、用念力要求什麼的話，就不得不把頭伸出，而這始終是最難的事。

不健康的思考模式在腦海中浮現，這是我過去的社會制約反應在告訴我，我不能這樣生活。隨著我懷疑這一切到底要怎麼再一次變好，恐懼開始抬起它醜陋的頭。把我自己帶回當前，過去是唯一救得了我的辦法，而這也是現在唯一會來救我的。要面對你的恐懼，沒有地方比得上自然界，你可以回到生命的真實節奏。

當恐懼睡著時，我享受美好的時光，每天過著健康而簡單的例行生活：吃簡單而有益健康的食物，在潔淨清澈的河水中游泳，觀看野生動物有趣的面孔來來去去，傾聽野鳥唱各種歌曲，還有閱讀。這是段令人虔敬的時光，開闊而美麗。

我見到另一個人時，幾乎過了兩星期。我看到人的那一天很愉快，那是個三代同堂的家庭，來到河邊野餐。這告訴我，那天很可能是週末。我把吉普車打開，來個大健行，讓他們享受那個地方。在傍晚，我躺在吉普車後面，車背和車窗仍然大開，閱讀了一陣子，黃昏的美麗光彩神奇地滲過樹林。

此後常有人問我有關野外叢林和其他地方的種種旅遊的情形，還有我有沒有擔心過安全問題。答案是否定的，我很少有理由害怕。因為我一舉一動都是直覺式的，所以總是嘗試懷著信任前進，知道我會受到照顧。

第二天早上，我在大篷車公園吉普車中醒來，把車往下開到岩石邊跨海觀看日出。我喜愛第一道曙光，那時仍然有星星，但全新的一天即將到來。隨著天空變成粉紅色，然後橙色，我坐在岩石上觀看一群嬉戲的海豚游泳，牠們滿心歡喜地從水中蹦出，在空中翻騰，砰地再鑽入水中。我那時就知道，一切都將會變好。

那天稍晚，篷車公園的老闆泰德來跟我聊天，我們大談生活和旅遊，經過漫長而愉快的交談後，他後來回到我的吉普車邊，晃動著一把鑰匙，向我宣布：「我有十天用不上八號篷車，它是妳的了，我不准妳付一分錢。如果我的女兒睡在她的車後座，我也希望有人為她這麼做。」

「上帝保佑你，泰德，謝謝你。」我強忍著感激的淚水說。

於是，接下來十夜我頭上有屋頂，也有地方做飯了。不過，在這段時間裡，想到我的情況，恐懼在我心裡又開始狠狠肆虐。我必須賺點錢。我的存糧繼續減少，每一天，我走訪城裡所有的商家，雖然遇到很多好人，但一時沒有工作。我走回山上，到了岬角和篷車，深吸一口氣，努力保持活在現實裡，但也試圖找到解決方案。

我厭恨我生命的這部分，這種總是把謹慎當耳邊風拋在一邊，為自己一次又一次製造挑戰的強迫症。然而，這也讓人上癮。每次我這麼做，我都迎頭面對挑戰，而不知怎麼的，我每每總是再次安然落地。我以前曾多次把我的信心測試到極限，透過這個過程，也獲得了智慧，並更增強自己的信心。

正是在這一點上，我看著高潮捲退而去，我想起了屈服、放下的重要性，並允許自然編織它的魔力。那股平衡潮汐的力量，季節來來去去只見完美的力量，那股創造了生命的力量，同樣的力量一定能帶給我所需要的機會。但我必須先放下，企圖控制時機和結果，會可怕地浪費能量。我的意向已經放出去，我也採取能做的行動，現在唯一的工作就是找到出路。

屈服不是放棄，與放棄相差甚遠。屈服需要巨大的勇氣。往往我們只有在企圖控制結果的痛苦實在無法忍受時，才有能力這樣做。到達那一點實際上極具解放力量，即使那並不好玩。能夠接受你束手無策，唯一能做的就是交付給更大的力量，這就是最終打開能量流的催化劑。

幾天後，我和一些來篷車公園度假的人聊天，結果有人提供我工作，在南方七小時左右車程的墨爾本。「為什麼不呢？」我想。我想去哪裡就去哪裡，本來也想住到氣候比較涼爽的地方。墨爾本很快就成為我最喜歡的澳洲城市，至今仍然如此。但我那時沒有考慮過搬到那裡，也不知道生活在這樣一座創意的城市，我會得到什麼好處。只有透過屈服和保持活在眼前，我才能讓這個就業機會降臨到我身上。

我向史特拉講完我的故事後，兩人都笑了。她吃著半顆草莓，完全同意我的話。她一直企圖控制離去的時刻，現在是時候放下那控制了！而儘管她不甚喜歡這個主意，還是接受了她離去的日子可能還要等一等。身體形成要九個月，有時身體結束也需要一點時間。

只是，現在的她已經非常虛弱，幾乎完全無法進食。她沒有吃東西的能量，但她接受小塊的水果，只是為了品嚐。前一天，她吃了兩顆葡萄，今天吃了半顆草莓。

她的病情應該會帶給她很多痛苦，特別是她被確診前已經病了許久。但她不怎麼痛苦，連醫生都覺得驚訝。病情擴散時，她經歷的大多是體能耗盡的疲憊。她在她的精神之旅上所做的，讓她和身體之間形成了極強的聯繫，所以現在讓她享受幾乎無痛苦的福氣，這也是她大限到臨能夠順利離去的原因。

兩三天前，我注意到她的手指已經腫脹到婚戒深陷其中的地步，看來會影響血液循環，護士也勸告說，戒指必須拿下來，我打電話給老闆，於是喬治躺在她身邊，我則用水和肥皂潤滑她的手指，輕輕地拿下戒指，這花了我們好多時間，那時候，史特拉和喬治都在哭泣。

終於把這只象徵他們愛情、在她手上戴了超過半世紀的戒指取下時，我也哭了。我覺得自己像是魔鬼的代言人。

喬治總是這麼可愛，他用一個特殊而深情的名字叫著史特拉，這是他們婚姻生活的一部分而且歷時已久。我離開房間，讓他們分享珍貴的私密時刻，兩人躺在彼此的懷抱中，也許是最後一次。

我站在浴室裡哭泣，心中感到很幸運能夠見證他們之間的深愛。與我以前曾見過的任何夫婦都不同，他們是真正的朋友，而且對每個人都溫柔而體貼，特別是對他們彼此。看著他們隨著結婚戒指永遠從史特拉的手指取出而哭泣，對我來說仍然是痛苦的。

他們的兒女定期來訪，隨著時間接近，更是走得勤。我喜歡他們。他們彼此非常不同，但都體面而可愛。不過，我和其中一個女兒特別親近。

有一天，天氣突然轉涼，我工作時發現自己穿的不夠暖。喬治堅持我穿上史特拉的一件羊毛衫，接著他和史特拉一致認為非常適合我。那件羊毛衫是我在店裡通常不會注意到的東西，因為它不是我的風格，但是，當我穿上它，我立刻就愛上它了。

在這一天，這家人，包括史特拉，把羊毛衫送給了我。多年後，我仍然穿著它。她很有風格，我們的史特拉。

那天晚上，當我在家裡睡覺時，史特拉陷入昏迷。第二天早上，我回到史特拉家時感到一片肅穆，喬治和他們的兒子大衛都在那裡。微風穿過臥室門吹進屋內，喬治躺在他美麗的妻子床邊，他的手握住她的，那隻手現在愈來愈冷。史特拉還活著，但在這種情況中，隨著死亡接近，四肢的循環會受影響，她的腳也失去了溫暖。大衛坐在椅子上，握著她的另一隻手。我坐在離床更遠的椅子上，手放在她腳上，我猜想我也需要去撫摸她。

史特拉處於深度昏迷狀態超過十二小時後，睜開眼睛，朝天花板方向的什麼東西微笑著。

喬治坐起來，震驚地說：「她在微笑，她在對什麼東西微笑？」

史特拉對我們再也沒有反應了，但不知道她在看什麼人或對什麼東西微笑，在我心中凝結的疑問，從此沒有消退過。我從前在冥想時，曾經到過遠遠超出人類平常意識的幸福之處，從來沒有懷疑過有來世。但是，看著史特拉眼睛睜開，向天花板微笑時顯出的驚人幸福，我現在完全確信，什麼都無法再動搖我這個信念。有更多的地方是我們要去的，或者返回的。

史特拉微笑後，發出一聲輕嘆，眼睛一翻，一切歸於平靜。喬治和大衛看著我等我確認，在此之前我只親眼看過露絲過世，我等待那個大喘氣，但是沒有著落。

「她死了嗎？她死了嗎？」他們絕望而心碎地問。

我試圖在她脖子上找脈搏，但我自己的心怦怦直跳，只能感覺到自己心臟的節奏。我處於巨大的壓力下，根本不知道自己在做什麼。他們拚命看著我。我不希望宣布她已經死亡後，又發現她一兩天後還活著，或者甚至只是再吸一大口氣，因此，我祈求上蒼指導。

我看著她，一陣平靜穿過我全身，於是我知道她已經離開了。她離去得這麼平順、優雅而溫柔，以至於我一時沒能辨認出來。但是這一波愛掃過我，證實她已經走了。我點點頭，喬治和大衛立即離開了房間。最令人心碎的哭泣聲迴盪整間屋子，喬治承認他心愛的妻子走了。我默默坐在史特拉身邊，自己的眼淚也滾下臉龐。

幾個小時後，其他家屬都已到場，實際細節也處理了，於是我們互相道別。現在已經升溫成酷熱的一天，我開始考慮自己要做些什麼，其實真的只是想讓自己分心一下。

我開的仍是先前那輛吉普車，必須猛甩駕駛座的門，才能關好，它這樣已經有段時間了；當我這天這麼做時，整個駕駛座車窗破碎了，碎屑掉進門板，我坐在那裡盯著它，早上的事件已經讓我麻木，車窗破碎帶來的巨響，更加令我心神不寧。

我看著窗外，玻璃沒了，只剩幾片殘屑，終於接受，也許對我來說最好的事是回家。

幾個月後，我收到史特拉女兒苔蕾絲的信，苔蕾絲是和我最親近的那位女兒。她說，史特拉過世後的隔日，她走在街上，突然想到媽媽，忽然一隻巨大的白色鸚鵡直直往下飛到她面前，近得她能感覺到牠翅膀拍動的風。史特拉就是那種女人，能夠發送給我們徵兆，而我看苔蕾絲的信總是很高興。

差不多一年後，有一天我去拜訪史特拉一家並共進晚餐。我很期待這個夜晚，尤其是可以再看到親愛的喬治，看看他過得怎麼樣，苔蕾絲和她的丈夫也來了，這個夜晚開始得不錯，聽到喬治如何恢復相當豐富的社交生活、打橋牌和參加其他活動，也讓人開心。然後不知怎地，談話講到「謊言」，苔蕾絲問我，她的媽媽過世和我以前的客戶有什麼不一樣的地方？

那是我把話講清楚的大好機會，可以告訴他們我照顧史特拉時是沒有什麼經驗的；但我無法全盤托出，因為喬治看到我高興得不得了，並且滔滔不絕，說大家能再聚首有多美好。我希望可以和苔蕾絲獨處，把整件事告訴她，但我一直沒有機會。

隨著生活前進，那一夜後，我們很快失去了聯繫。不過過了些年後，我們再度取得聯繫，我終於有機會告訴這家人我那時沒什麼經驗，以及我很遺憾沒有一開始就對他們坦白。他們感人地接受並原諒了我，說我的同情心和慈悲心早已彌補了一切，他們從一開始就認為我是照顧他們母親的適合人選，我也幸未辱命。

重新聯繫，並記起我們一起分享的一切，真是美好。每到冬天，我仍然穿上我的羊毛衫，有時想起史特拉。去年冬天，我穿著它重新讀她給我的一本書，有時暫停下來，對我的回憶微笑。謝謝這份工作，為我引介了一些美好的人。

但不管怎樣，說謊那件事是個大教訓。我與史特拉相處後，決定再也不對客戶撒謊，最主要的是，我已從中學到教訓。我是一個誠實的人，不論體現誠實有多麼困難，它是我此後走得堂堂正正的唯一路徑。

從那時發生的事學習，讓我原諒了自己，而這是最大的寬恕。

04

葛蕾絲

我希望能有勇氣過真正想要的生活

葛蕾絲一直保持別人期待她表現的形象，
過別人期待的生活，
現在才體會到，
這麼做一直是自己的選擇，
同時是基於恐懼的選擇。

葛蕾絲馬上就成了我最喜歡的安寧療護客戶之一。她是個充滿愛心的小個子女人。這項特質流淌到她孩子身上，他們現在全已為人父母，和他們母親同樣美好。

葛蕾絲住在這座城市一個完全不同的地區，就我們的客戶而言是不尋常的。她家在某個郊區的街道上，和許多郊區很像，兩側都沒有大樓阻擋。我的第一印象是，這條街是電視連續劇極佳的背景，因為街上滿溢著家庭的能量。

我對葛蕾絲本人及其家人最喜歡的地方，是他們非常務實，同時由衷歡迎別人來訪。我和她初期的交往情形，與其他客戶差不多，都是從分享故事開始了解彼此。在浴室裡會聽到熟悉的評語，例如葛蕾絲經歷喪失尊嚴的事：別人必須擦拭她的屁股等，還有像我這樣美好的年輕人如何不應該做這樣可怕的工作等等。不過，我已經習慣我工作的這一部分，只是努力讓葛蕾絲和我所有的客戶對情況樂觀些，絕不大驚小怪。生病肯定會使人的自我消解，當你病入膏肓，尊嚴隨之消失，永遠成為過去。

葛蕾絲結婚超過五十年，過著別人期待她過的生活。她養育了可愛的孩子，現在開心地看著孫子們進入青春期。不過，她的丈夫顯然有點暴君性格，令葛蕾絲幾十年來的婚姻生活非常不愉快。當他幾個月前被永遠送進養老院時，每一個人都如釋重負，尤其是葛蕾絲。

葛蕾絲在婚姻生活中，不斷夢想脫離丈夫獨立生活、旅行，不要活在他的獨裁統治下，最盼望的就是過簡單快樂的生活。雖然她八十幾歲了，以這年紀而言她仍然算健康的，良好的健康給了她行動自由，而當她丈夫住進養老院時，這份健康還在。

可惜，葛蕾絲找到期待已久的新自由才沒多久，就開始感到非常不適。這個轉捩點之後幾天，她被診斷出患有絕症，已經進入末期。更令人心碎的是，她的病是因她丈夫在家裡長期吸菸引起的。這場病攻勢凌厲，一個月不到，葛蕾絲已經失去所有力量，開始臥床，只能在別人協助下，靠步行架步履蹣跚地走去浴室。她等了一輩子的夢想，永遠不會成真了，一切為時已晚。她為此深受苦惱，大大折磨著她。

「我為什麼不做我想做的呢？我為什麼讓他統治我呢？我為什麼不夠堅強呢？」這些問題我一再聽到。她對自己沒能找到勇氣如此憤怒，她的孩子們證實她過了一輩子的艱苦生活，他們都為她感到難過，我也一樣。

「永遠也不要讓任何人阻止妳做想做的事，布朗妮，」她說。「請答應我這個垂死的女人。」

我答應了她，接著解釋我如何幸運地擁有一個了不起的母親，她以身作則教導我獨立。

「看看我現在，」葛蕾絲繼續說。「要死了！要死了！我怎麼能等了這麼多年才要自由、要獨立，現在不是太晚了嗎？」

無可否認，這種情況很悲慘，也是這一點，日後不斷提醒了我要照自己的方式過活。

葛蕾絲解釋說，她不反對婚姻，一點也不；她認為那可能是件美麗的事，透過一起學習，婚姻可能是成長的大好機會。她反對的是她那一代人的教條——不論如何都得留在婚姻裡。而她照做了，結果一路喪失了自己的幸福，她把生命奉獻給了她丈夫，而他理所當然地拿走了她所有的愛。

現在，她快死了，她不在乎別人怎麼想她，只是苦思不得其解為什麼她沒能早點走出來。葛蕾絲一直保持別人期待她表現的形象，過別人期待的生活，現在才體會到，這麼做一直是自己的選擇，同時是基於恐懼的選擇。雖然，她告訴自己必須原諒自己，但一切為時已晚的事實，繼續壓得她喘不過氣來。

葛蕾絲這些充滿苦惱、絕望和挫折的話，後來成為我熟悉的字句，許多其他我遇到的人也這麼說。我坐在病床旁，**聽他們與我分享所有的遺憾和教訓裡，沒有過忠實於自己的生活是最常見的一種**，這也是造成最大無奈的一個遺憾，因為體會得太晚了！

葛蕾絲有次在病床上對我解釋說：「那不是說我想過如何豪華的生活，我是一個好人，並不想傷害任何人。」葛蕾絲是我見過的最甜蜜的人之一，無論如何也沒辦法傷害任何人。「不過，我也想為自己做些事，我只是沒有足夠的勇氣。」

葛蕾絲現在明白了，要是她夠勇敢地尊重這個願望，對大家都有好處。

「嗯，對每個人都好，除了我的丈夫，」她滿懷對自己的厭惡說著。「我會比較幸福，不會讓這種痛苦在我們家中瀰漫了幾十年。我為什麼要忍受他呢？為什麼，布朗妮？為什麼？」她令人心碎的哽咽爆發出來，我抱緊她，哽咽繼續傳來。

等她的眼淚消退，她用激烈而堅決的眼光看著我。「我說真的，答應我這個快死的女人，妳一定永遠要對自己真實，要勇敢地過妳想要的生活，不管別人說什麼。」花邊窗簾輕輕地擺動，風兒把外面的白晝氣息吹進臥室，我們懷著愛、清明和決心注視著對方。

「我答應妳，葛蕾絲。我已經在努力了。但我向妳許諾，我會繼續這麼做。」我衷心回答。她握著我的手，臉上露出微笑，知道至少她的學習不會完全浪費掉了。

我向葛蕾絲解釋，我十多年的成年生活都花在不盡如人意的銀行、行政和管理的工作角色上，她懷著極大的興趣聆聽，更加了解我。我從海外歸來後，又進銀行業做了幾年。但我稱那些年為斷奶年，讓我自己從這個行業斷奶。

把我留在那裡最大的力量是，如果我打破了一些家人期待我嵌進去的模子，我懼怕受到他們嘲笑。這是拿我的生命過別人的生活，而這永遠行不通。然而我繼續下去，定期改換銀行工作、制服和地點。結果，我發現自己的職業經歷加速成長，因為我為大多數銀行都工作過了，擔任過的角色也比和我同齡的人要多。大家都默認我是個成功的人。但我和葛蕾絲一樣，一直照著別人的期望過生活，而不是過我想要的生活。

由於我沒有辦法和某些家人合得來，又掙扎著要做他們希望我做的人，因此留在一個「好工作」裡，至少可以讓他們在我那塊生活領域饒了我。就這樣，我被困在恐懼裡，擔心做自己會使我遭受更多評斷。

在任何家庭當害群之馬從來都不是件容易的事。害群之馬在家庭裡須扮演不同的角色，但這並不總是容易。當主力成員藉由減少別人的力量取得權力時，那就是艱難的上坡路。但我在這一行與許多家庭接觸過後，我觀察到，很少有家庭是沒有衝突的，在某些方面總有某些程度的困難，每個家庭都有待學習之處，每一個都有，我家亦然——雖然這份體認當時並未緩解我的痛苦。

從我有記憶以來，拿我開玩笑一直是家庭娛樂。在一家騎馬的人裡面，我是游泳的；我們家牧羊，我卻是素食主義者；我們家喜歡定居，就只有我是遊牧民族等等。話往往是開玩笑說的，說的人可能沒有意識到他們造成的傷害，但笑話聽他們講了幾十年後往往就不好笑了，有時說出來的是故意的，而且根本就是殘忍。縱使你千夫莫敵，但多年下來確實會把你磨損。

因此，直到此刻，我從來沒有特別喜歡家庭原動力這回事，而當時處理這檔子事最簡單的方法，就是繼續過別人期望我過的生活。終於，我開始撤退，脫離他們。那是我的應付機制。

有人說，我們為避苦所做的比求樂所做的要多，所以，我們終於找到勇氣做出改變，是當痛苦無法承受的時候。到此之前，我內心的痛苦，只是繼續醞釀增生，直到達到臨界點。

當我又離開一個「好工作」，住到島上，家中一片混亂。「她為什麼要這麼做？她這次又要去哪裡？」而這段時間裡，我只是興奮地想著，「我要住到小島上了！」愈遠愈幸福！

在那裡，我的生活是我自己的，而且是很好的生活。在澳洲我只和我親愛的母親聯絡，她是我依賴的樑柱和珍貴的朋友。

在島上的那些年，我開始靜坐冥想。後來我找到了通往靈修的路徑，這讓我有機會與我本來的面目聯繫，而沒有其他一條路恢復得了我的本來面目。透過靈修，我開始了解和體驗，慈悲是如此美麗而強大的力量。

別人給予我的痛苦，是他們把自己的痛苦投射到我身上，快樂的人不會用那種方式對待別人；別人過著忠實於他自己的生活，他們不會妄加評斷，而是加以尊重。我從來沒能控制另一個人，也不想這麼做。人們改變是因為他們想改變，以及當他們準備好時。

在一定程度上，相同的動力後來持續了幾年，對我的影響卻愈來愈少。那需要力量和時間，但現在我知道，問題不在我，問題在試圖對我批評或決斷的人。

一個佛教故事說，一個人來到佛前憤怒咆哮，佛不受影響。當別人問他如何保持冷靜和不受影響，佛陀用一個問題作為回答。「如果有人給你一份禮物，你選擇不接受它，那麼禮物屬於誰？」當然，禮物還是留給了送禮的人。所以，有時仍然不公正地傾倒到我身上的話語也是這樣。我停止接受那些話，取而代之的是慈悲心。畢竟，那些話並非出自幸福之處。

不過，我這輩子在生活中學到的最最重要的事情，是慈悲從對自己開始。對他人開發慈悲心，可以讓傷口開始並繼續癒合，但有些舊的行為模式仍試圖宰制我時，我會有些脫離這個方程式。我可以認出痛苦，並了解這和我完全無關，那是別人自己的痛苦冒上來、翻出來。當然，這不只適用於家庭關係。這與所有私人的、公共的、職業上的關係都有關。我們有些時候都會受苦。每個人都有痛苦，毫無例外。

但是，學習如何開發對自己的慈悲就難多了，雖然當時我不知道，那要花好多年時間。我們全都如此壓迫自己，如此不公平。學習給自己慈愛，以及承認我也受了很大的苦，是這樣難以改變的事。聽別人不公平地說我們，並且照單全收，似乎更容易，因為這麼做我們已如此熟悉。對自己好，以及優先於一切地對自己慈悲，未必為我帶來幸福，但肯定是一個我必須成長進入的過程。至少傷口已經開始癒合了。

隨著這自愛、自重和對自我悲憫的新意向出現，古老的家庭原動力開始失去力量，我找到了回嘴的力量，終於可以讓人聽到自己的心聲，而不是繼續退縮。當然，表現出來的是我自己的痛苦，和我提到的人毫無關係。我們都以自己的方式對發生在我們身上的事情加以詮釋，所以這是我在表達和釋放自己的痛苦，打破幾十年來的模式，需要很大的膽量，但是我的痛苦給了我勇氣，而我沒有什麼可失去的了。就是這樣，我已無法再背負任何沉默的痛苦了。

用不同方式做事情的時候到了，選擇以不同方式大聲說「夠了」的時候到了，我再也不願意忍受相同的模式。即使結果比較孤單，至少可能會帶來平靜，其他的路肯定不平靜。

大聲發言後，我內心開始改變。我的自尊變得比較強，自我表達也變得比較清晰。一些新的、更健康的種子終於種下去了，我還不知道如何培養它們，但至少已經種下。是時候開始以我希望做的人過生活了，一次一小步。

與葛蕾絲分享這一切後，我們變得更親近，相處得毫不費力。她同意，所有家庭都有自己待學習的的課程，她想不出哪個家庭是沒有其挑戰的，並且相信，家庭為大多數人帶來最珍貴的學習禮物。我們討論了體驗到愛的唯一方式是如何完全接受別人的本來面目，對他們絲毫不加期待。雖然這談何容易，但這是最有愛心的做法。

葛蕾絲和我分享了許多故事，回想她的生活，孩子長大，鄰里發生變化，然後往往回到她垂危時的遺憾。她希望有勇氣過忠實於她的心的生活，而不是別人期待她過的生活。當時間所剩無幾，完全坦誠也無甚損失，我們彼此分享直指重要事物的核心。當所涉及的主題都是極度私人的，再沒有閒聊的餘地。向葛蕾絲坦誠以對，意外地大大治療了我，而我傾聽的耳朵也療癒了她的傷痕。

最後，我們講到我的生活現況，我學習音樂的方向，以及我如何開始寫歌、表演。啜茶閒聊時，葛蕾絲堅持要我隔天上班時把吉他帶來，並為她演奏，這對我絕對是樂事一樁。懷著一顆幸福的心，我對著葛蕾絲唱歌，她坐在床邊微笑，跟著哼唱。她擁抱我唱的每首歌，好像每首都是世界上最好的歌曲。她的家人也來聽，他們同樣地美好並支持我。因為葛蕾絲一直想去旅行，所以她特別喜愛一首歌，歌名是《澳洲的天空下》。

那天之後，她要我多唱歌給她聽，還說清唱也沒關係。所以我坐在這位愉快的小女人臥室裡，對她唱著歌，她則閉上眼睛，微笑著傾聽我唱的一切。她一再點歌，我也唱得樂此不疲。

葛蕾絲的健康一天天惡化，小個頭縮得更小了。老朋友來向她道別，親戚坐在她床邊聊天，強抑著眼淚。她的家庭是人人參與的那種，非常投入，定期互訪，我喜歡這樣。他們也有股溫柔吸引我，不過等他們都走了，又只剩下葛蕾絲和我，唱歌的要求又來了，這些，都是特殊的時刻。

葛蕾絲現在沒辦法好好走路了，儘管她已接受在床邊使用便桶，但拒絕在便桶上大號。她想去廁所，好讓我不必清理便桶，她對這點毫不讓步，甚至我試圖說服她這對我沒什麼大不了的也一樣。所以，我們上一趟廁所好像要幾世紀，慶幸的是廁所就在臥室旁邊。她很虛弱，上完廁所，清理乾淨後，我協助她站立起來，拉上內褲。要讓她保持平衡的同時完成這個動作，得用極快速的動作不可。

然後我們緩緩走回臥室，葛蕾絲傾著身子扶著助行架，我跟在她身後，抱著她的臀部，此時我注意到，我在匆忙中把她的睡衣一角塞進了內褲。我面帶微笑，看著這位在她最後日子裡的可愛小女人蹣跚地回到床上，忽然她開始唱《澳洲的天空下》，讓我喜悅得不知所措。那時我知道，我剛剛經歷了我音樂生涯的高點，以後再也沒有任何事超過我那一刻經歷的喜悅了。即使我不再寫新歌，我也不會感到遺憾。

幾天後上工時，很明顯，今天是葛蕾絲的最後一天。我向她解釋要打電話給她家人，起初她搖搖頭拒絕，虛弱又疲憊地撐起身子摟住我，為了讓她瘦小的手臂省力，我躺在床上，把她抱在臂彎裡，她喜歡那樣，我們躺著輕聲說了一會兒話，她的手指撫摸著我的胳膊。我問她為什麼不希望家人來，她說不想給他們再帶來痛苦，她太愛他們了。

「但他們必須說再見，」我說，「不給他們這個機會可能會導致他們終生痛苦和內疚。」

她理解並同意，接受了她不想讓他們因未送終而內疚。所以我打了電話，家人很快趕來。但在他們到達前，她筋疲力盡地對我說：「妳還記得我們的承諾嗎？布朗妮，記不記得？」

我眼淚撲簌而下，點點頭說：「記得。」

「照妳自己的心過活，永遠不要擔心別人怎麼想。答應我，布朗妮。」她的聲音幾乎細不可聞。

「我答應妳，葛蕾絲。」我輕聲說。

她捏著我的手，恍恍惚惚入睡，再醒來只是短暫的瞬間，和她可愛的家人招呼後，他們坐在她床邊，直到最後。幾個小時不到，葛蕾絲昏睡過去，她的時間已經到了。後來我靜靜地坐在廚房，我向她許下的諾言猶在耳邊，但我所做的承諾不僅是對葛蕾絲，也是對我自己做的。

幾個月後，我站在舞臺上推出我的專輯，將這首歌獻給她。葛蕾絲的家人也是觀眾，聚光燈讓我見不到大家的面孔，但我不需要看到他們。當我憶起那位從來沒有照自己意思活過、後來卻激勵我要照自己意思活的親愛小女人時，我可以感受到他們在分享的愛。

05

安東尼

生活環境的產物

我們大多數人都是一樣的，
只是想要單純地幸福，
而在一定程度上，
我們都有顆受苦的心。

我們第一次見面在星期六，安東尼才年將四十。他一頭暗金鬈髮，儘管生病，仍一副天生愛惡作劇的樣子。照顧比較年輕的人，對我來說是個很大的變化，但建立友誼對我是輕而易舉的事，儘管在這種情況下，我們從一開始便享受彼此的幽默感。

他有一個弟弟、四個妹妹，是出身商界名門的天之驕子。安東尼向來心想事成，他年輕時總是利用這種優勢，但由於家業龐大，使他肩上也扛有重任，這種壓力反向運作，儘管聰明又機會多，但他卻很自卑。他以幽默和惡作劇掩藏，成效不錯，但身為長子卻無法達成家人的期望，這在他心裡形成莫大的壓力。

安東尼年輕時開車喜歡風馳電掣，屢屢招來員警追捕；他招聘的女員工也都是最貴的；有人擋住他的去路，他都除之而後快。富少的領土無人可越雷池一步，安東尼過去的所作所為有些絕對令人厭惡，但由於他自我價值很低，所以他也活得相當恣肆，甚至到危及生命的程度。有一次，他住進醫院，可能永遠失去健康，以及健康所帶來的自由。

醫生盡力了，但事情看起來仍然無望。安東尼準備放棄了，他意識到可能受到永久性損傷，要求醫生盡快安排下一次手術，好讓他知道結果到底如何。接著做了幾次手術，止痛藥讓他睡了一星期左右，我坐在醫院病房裡他的床邊。之後是等待和觀望，希望可以逐步復原。

漸漸地，我們養成我念書給他聽的習慣，剛開始是在某晚，他問我在讀些什麼。我早先在中東住了段時間，想多認識那裡，我讀的書講的是當地的生活方式和歷史，觀點有智慧而公正。雖然我不否認中東有些國家奴役婦女，也有一些極端分子假借宗教的名義做出很過分的事（正如任何宗教的極端分子都可能無視所有宗教共同的善良教誨），我也看到了這個文化不幸的一面從未見諸媒體。

這些熱心腸的人奇妙地重視家庭，我曾遇過一些最熱情好客的東道主，就出自中東，他們敞開美麗的心房，毫不猶豫地歡迎我。此後我在澳洲認識的中東人，也一樣好客。

其他文化以及我們如何選擇過不同的生活，讓我著迷。透過其他文化發現的美味佳餚亦復如此。然而，我們在其他方面也很相像，我永遠無法理解種族主義。我們大多數人都是一樣的，只是想要單純地幸福，而在一定程度上，我們都有顆受苦的心。

安東尼很想聽到我在學些什麼。我們泡了壺香草茶，讓香氣輕輕飄過房間，我對他講這本書我看到哪裡。於是我繼續閱讀，但讀得很大聲。我們每天會這樣分享一兩個小時，而那成為我們都很享受的時光。因為我們有好幾個星期可以像這樣，所以我得以介紹安東尼無從接觸的書籍。我請他自由選擇，他總是堅持無論我讀什麼都能讓他快樂。

我介紹給他一些靈性經典，有關生命、哲學和脫離古板守舊思想的書籍。當我照顧他時，我們會進行討論，這些照顧包括：舉起不能正常運作的一隻手臂（另一隻手上了石膏），為一條不能正常運作的腿包紮傷口，然後餵他，梳理頭髮，以及照顧其他儀容上的需求。

不過最後，他的行動所造成的身體傷害顯示手術並沒有完全成功。有些部位復原，但某些部分遭到終生的傷害，所以他無法回家，此後須接受永久性的個人護理援助。他當時決定進城裡最好的一家安養院，至少根據小冊子和價格來看是最好的。

年輕的安東尼現在周遭盡是單調色的牆壁，以及奄奄一息的老人。那是個可怕的環境，我渴望把牆壁塗上更明亮的彩色油漆。起初，他還算開心，家人的壓力解除後，給他帶來了平靜，他們知道他受到妥善照顧。他也能為住院的老先生老太太帶來歡樂，他們很喜歡他。不過，隨著時間推移，他的光變得黯淡，缺乏外界刺激使他的智力因缺乏使用而麻木，他開始變成環境的產物。

我們其實都相當具有可塑性，雖然我們可以為自己思考，有自由意志過我們的心引導我們過的生活，但環境對所有人都有巨大的影響，尤其是，在我們開始從更自覺的角度選擇生活之前。

受到周圍環境影響的另一個例子，是觀看務實並且已獲得幸福的人升遷後陷入追逐更多、更多、更多的遊戲中。為了提高收入好跟得上新朋友，常可見一些人內心發生改變，去適應他們的環境。

許多來自鄉村的人也去適應城市生活，受城市時尚和更繁忙的生活風格所影響。並不是鄉村沒有時尚，肯定有，重點是你會受居住地的影響，有些在城市中長大的人也適應鄉村生活，減緩他們的生活步調，拋棄自己的標籤，在土地上勤苦工作，在牛仔褲和長統膠靴中尋找幸福。如果我們流連的時間夠長，無論我們人在何處，環境都會對我們產生莫大影響。

我十九歲不到就訂了婚準備要結婚，而且抵押貸款那一大套統統有，眼前就是嚴肅的人生。那次婚姻大部分是不健康的關係。不知怎地，我活了下來。回想起來，真不知道怎麼過的，過度的精神虐待、心理遊戲以及暴露於配偶表達的各種憤怒之下，令我的信心不斷減弱。

大約在我到銀行找到新工作的同時，這一切變得無法忍受了。工作團隊很棒，我發現自己開始重新享受生活，有穩定的工作也讓我夢想能超出我當時情況的生活，結果我搬出家裡。沒多久，我被調到北海岸工作，一個全新的開始。

我立即拿到可以跳舞和輕浮度日的許可證，那段時光變成我生命中一個快樂、無憂無慮的時刻。我身邊有很多毒品。那時我已知道我不適合喝酒，雖然我還沒有達到永遠放棄酒精的地步，但飲酒並不是我生活的要件。那裡有很多其他的東西，而在一年之內，我大多都體驗過了。

我身處一個我覺得可以嘗試新東西的空間，但心裡很清楚，凡事有了經驗後，大部分就讓它過去，感謝老天，還好我從未用海洛因試過那個理論，我從未接近過它。幸好鴉片、迷幻蘑菇、迷幻劑和古柯鹼也只各試了一次，所有這些，我都在那十二個月內嘗試了，但到此為止。

我馬上知道過度放縱於毒品的生活不適合我，雖然我很樂意嘗試一些事情，但我告訴自己，那比較是出於體驗生活的願望，而非出於對吸毒感受的渴望。

幾年後，在島上工作過後，我住到英國的鄉村酒吧倒啤酒。那裡冰毒和安公子這些毒品很多，吸食幾輪後，當地的小伙子會進入酒吧，瞳孔大張，整夜磨牙。他們這一套年年如此，當有人吸了毒後，會改變他們所感知的現實，讓他們對相同的場景產生不同的知覺。他們僅僅是想擺脱無聊，而看過他們接下來幾天的憂鬱和疲憊後，我不得不懷疑，這份代價值得嗎？

狄恩週末都在工作，所以我加入了村子其他小伙子的行列，跳上火車去倫敦過夜生活。儘管我已二十好幾，但從未去過鋭舞舞會，因為鋭舞舞會不會放我的音樂，但大家不希望我一個人在家，便説服我加入了他們的行列，承諾我會有段好時光。他們都是我的同伴，所以我去了。

早先我吃過唯一一次搖頭丸，那次經驗還好。我過了個愚蠢的夜晚，毒品藥效也消退了，但過程肯定不愉快。我的胃好幾天難過得可怕，我的能量也令人難以置信的低。我覺得有過這次經驗就夠了，此後任何這種邀請我一概拒絕。事後我也產生自我厭惡感，決心再也不參加那種活動。

我心中雖有那種想法，然而我這回上了往倫敦的火車，八個傢伙説服我吞點搖頭丸。然後搖頭丸完全發作，我知道我必須走出人群。汗水從我毛孔猛冒如雨，在舞池裡每碰到一個人都使我幽閉恐懼症發作。我蹣跚地四處走動，想找到一些空間。低音砰砰地穿過地板，穿過我的身體；在附近跳舞的哥兒們面帶微笑的面孔，逐漸模糊消失到別處去了，我迅速失去控制，只好去找一個安全的地方。

噪音、大笑的臉孔和燈光愈來愈扭曲，我在絕望的煙霾中一路摸索到了女廁。我不能整晚獨佔一間廁所，雖然我很想。在廁所考慮了一段時間，女孩們開始敲門，終於我心不甘情不願地交出這私人空間。

天氣太冷，沒辦法到俱樂部外面去，而第一列回家的火車要到早上六點才開。女廁的噪音和人來人往的笑聲，讓我感覺紛飛，人則發呆。然後，我看到窗台。這是我的避風港，我下了決定。我攀到水槽上，想辦法爬上窗台，那裡夠寬，足以讓我坐上去不致滑落。

我可憐的心臟跳動得比任一顆心臟的自然跳動都快，我祈禱它過了那晚還能夠生存下來。心臟並沒有放慢，但我的腦海裡也沒有閃過要求醫療協助的念頭，也許是下意識裡恐懼法律和非法毒品，我不知道。但坐著把頭靠在那個冰冷窗戶，是我覺得亟為需要的。

「妳沒事吧，寶貝？」一個英國姑娘揪著我的牛仔褲褲腳問我。我隱約聽到她講話，但是我張著嘴坐著，頭倒靠窗，盯著天花板，要回話太難了，我的心跳失去控制，無法動彈。

「寶貝，妳沒事吧？」她追問。我鼓起所有力量，往下看看她，點了點頭。

她問：「妳有沒有水？」我聳了聳肩，她人就消失了，一會兒拿來一瓶水。「把這個喝了。」她堅持。我感謝她後，又看著她從浴室水龍頭把水重新裝滿瓶子。

整個晚上，我就待在窗台上動彈不得，我的心仍像要從胸口跳出，我身後窗口上冰凍的夜晚空氣，平衡著我身體內多餘的熱量。那美麗的女人繼續定時查看我，將我的水瓶補滿，和我聊天。我到今天還不知道她是誰，但我不敢想那晚要是沒她會發生什麼事。

俱樂部關門前約半小時，她幫我下來。我還是頭暈腦脹，一點也不喜歡這種感覺，但話可以說得比較清楚了。我們擠出微笑，聊了會天。即使我們故作輕鬆開玩笑，我倆都知道我剛才經歷的嚴重性，我滿心感謝地擁抱了她。然後，她帶領我回俱樂部找哥兒們，他們一個晚上都在找我，看到我時欣慰得嚇人。

「好好看著她。」那女人告訴他們，把我的手交給其中一人，吻我一下，微笑著跟我說再見。

從那天起，以有毒化學品搞亂我寶貴身體的日子被我拋諸身後。後來我足足睡了兩天，醒來後成為一個新女人，滿心感謝受到這個巨大的教訓。我躺在那裡望著天花板，我可憐的身體筋疲力盡，心中最大的慰藉就是我活了下來。此刻是更尊重地對待自己的時候，要好好珍惜我的健康。

幾年後，有人在我工作的地方給我一顆搖頭丸，我毫不猶豫地禮貌推辭，那時我已覺得那個世界離我如此遙遠。我意識到，我再次成為環境的產物，幸運的，是新環境的產物。我的生活風格已經變成健康的生活風格。與朋友在一起的社交時間是花在健康食品、繞著爐火喝茶、長距離散步和在河流中游泳這些活動上。那個環境更加適合我，我一點也不介意成為這種環境的產物。

可惜，安東尼以可能出現的最壞方式，成為了他環境的產物。我第一年到安養院裡探訪他時，他喜歡討論電台或電視台播出的時事。他很精明，隨時可以提供有智慧的意見或者有趣的言語。他還鼓勵我與他分享生命故事，問我的生活發生了些什麼，而且是真正感興趣。

但是隨著時間推移，他的光芒褪色到甚至拒絕我帶他去外面的地步。如果朋友或家人建議他嘗試學習新的技能，創造比他目前更好的生活，他會充耳不聞。他每每跟我說：「我不明白。這裡一切都很好，我接受這樣的命運。」安東尼認為理當接受在他身上發生的事情，因為他過去做了傷害他人的事。

「你已經付出代價了，安東尼，」我說。「你已從中有所學習，這是最重要的。」

但他不原諒自己，而且，他也懶得創造更美好的生活。安東尼已經放慢腳步，一切按安養院的常規走，不想再回到社會的正常生活。他的殘疾莫名其妙地以某種方式給他一種解脫感，彷彿他不必再嘗試了，而別處的許多殘疾人士卻仍過著充實而鼓舞人心的生活。但最糟糕的，有了這些藉口，他就不必讓自己再次失敗了。我問他時，他向我承認不再有勇氣去嘗試，如果他不嘗試，就不會失敗。他心裡面沒有留下一丁點的動機，隨著每一天日昇日落，安東尼選擇把他的生命睡掉。

安東尼的時日還很長，卻已經垂垂老矣，他雖然比其他住院的老人年輕至少三十歲，卻安於現狀。他是他環境的產物。看著這個可愛男人的光華褪色，再次提醒我，為了過你想要的生活，有勇氣是多麼重要。可悲的是，他的一生是我所不想要的一個例子。

他的弟弟幾年後打電話告訴我，安東尼已經去世。直到那時，他的生活都沒有任何改變，他繼續拒絕任何走出安養院的戶外活動，包括家庭聚會在內。安東尼說，他不想受到打擾。我忍不住想知道，當他躺在床上回顧生命時，他最後的想法是什麼。

安東尼帶來的衝擊性失敗感，驅使我前進。完全缺乏努力之餘，安東尼沒有給自己任何機會去改善或改變。失敗不是說他嘗試的任何事會不會成功，只要肯試一下，本身就是成功了。

安東尼最大的失敗在於他完全變成環境的產物，缺乏任何嘗試挑戰，進而改善自己生活的欲望。這樣好而聰明的人，這樣好的天賦，如此結束真是太浪費了。

如果我們都成為環境的產物，那麼我能做的最好的事情是此後要選擇正確的環境，適合我的生活走向的環境。想要過我想要的生活需要拿出勇氣，但這個新的體認，周圍環境的潛在影響可能對我產生很大的意識，將會使我的人生旅途更輕鬆。

我懷著這種意識和重新充電的勇氣，變得更加關注我正創造的生活，以及有選擇自由的力量。

06

佛羅倫絲

拒絕被束縛的勇氣

她床上的側欄、法律上的義務和專業決定結合起來，把佛羅倫絲束縛起來。

不過在此之前，被害妄想症也曾束縛她。

我與客戶形成的關係並非一開始都很積極。雖然我的工作大部分是照護不久人世的人，但有時客戶因精神疾病需要照顧時，因為我對其他一些短期客戶有積極的鎮靜效果，比較困難的案主開始找上我。

很多時候，我並不會被具有挑戰性的客戶搞得很狼狽——我是說「很多時候」，不是「每次都如此」——但有時候，不管我怎麼嘗試，我平靜的外表一點也不能安撫客戶。

有次我抵達一座富麗堂皇的大廈，顯然是城裡最高檔的豪宅之一，別人警告我住在這裡的一位小姐如何如何的話浮現腦海。佛羅倫絲對於需要接受照顧這件事，防衛心理非常重，堅持她根本不需要。這並不罕見，很多老人都不願意接受他們已不如以往獨立，要他們承認這個時間已經到了，並不容易；但我可還沒準備好接受這個揮舞著掃帚，以她最尖銳的聲音邊叫喊、邊沿著車道追趕我的瘋女人。

天曉得她的頭髮有多久沒洗，指甲充滿污垢或者可能更糟。她只穿著一隻拖鞋，完全沒辦法代表灰姑娘的童話，而且看起來好像一年沒換衣服了。

「滾出去！滾出我的財產！」她尖叫。「我要先殺了妳！滾出我的財產。妳跟他們一個樣，滾出去！不然我殺了妳！」掃帚颼颼穿過空氣，差點就砸到我。

生活中很多事我都可以處理，我可不傻。我也不是烈士，我嘗試用一句話來安撫佛羅倫絲，但隨著她對我的話充耳不聞，持續揮動掃帚，威脅說要打破我的擋風玻璃，我就不再需要說服她了。

「好的，好的，」我說，「我要走了，佛羅倫絲。沒問題。」

她看起來野性難馴，站在車道底捍衛領土，仍然緊緊握著掃帚。這絕對是滑稽的場景，但我想知道她怎麼了。

一個月後，當我重返相同的地址，有人提供了問題的答案。從那時起，佛羅倫絲顯然已被強制帶走並施打鎮靜劑。這種情景不是我樂於想像的，她一定感到十分害怕，上個月她被送進精神病患的臨時住所，現在情況還好，她對藥物的反應讓醫生滿意，建議讓她回家接受全天候護理。

我到達時社區護士正等著我，她對我解釋：「她睡著了，但應該很快會醒來，我會等到她醒來再走。」

推開大廈的雙扇門，我看到一道巨大的大理石樓梯、大吊燈、滿是美麗古董家具的房子。但同時也聞到一股腐爛的腥臭味。

「看完入口，我再帶妳看看其他房間。」護士說，她指的是我們在隔壁房間遇到的清潔工人。佛羅倫絲已經住在骯髒的垃圾堆裡十多年，直到最近一個鄰居向社區護士反應有些不尋常和古怪的行為，外人才得知這個情形。當護士來查看時，佛羅倫絲骯髒的程度曝光了。

她以罐頭食品維生，廚房大約有一年的存貨，我沒看到任何其他東西，當然沒有什麼生鮮或任何能夠煮熟的食物。因為垃圾的關係，廚房的地板幾乎看不到，露出的少許地板上面有幾英寸厚的黑色汙垢。浴室也沒有好到哪裡去，滿是骯髒的毛巾和乾裂的肥皂，而且明顯地有很長一段時間沒有人使用淋浴設備或洗澡，看起來極不健康。

佛羅倫絲住院時，在衛生方面已經大有改善，身上穿著一件可愛的乾淨睡衣在休息。她的頭髮解開了，已洗淨修剪，指甲也清潔溜溜，幾乎就像另一個女人。

醫院的病床取代了她原來的床，醫院堅定地指示，只要我和她單獨在家，她一定得留在床上，隨時要側躺。另一位看護每天上午和下午會過來兩個小時協助我。早上淋浴、如廁和用餐，下午主要要做的是把佛羅倫絲送進花園或陽台上享受新鮮空氣。

佛羅倫絲的健康管理很大一部分是重度的鎮靜，剩下的時間她只接受輕度麻醉。由於這樣的病人管理計畫，她變得有禮貌許多。

一個月過去，我們面對的是閃閃發光的豪宅，清潔工終於大功告成，但還是簽了每週定期清潔的合約。佛羅倫絲開始出現一些神智清明的時刻，那時她很可愛，能夠與我分享故事。

她的生活一直很豪華而刺激，她搭乘最豪華的船舶航行全世界，參觀了許多神話般的地方。當她指著附近的抽屜時，我會把照片遞給她，讓她告訴我每張照片的故事。雖不到親近的地步，但我們變得彼此喜歡對方，足以接受使我們走到一起的情況。

不過，還是有些時刻，我會瞥見那個瘋狂的野女人，要她下床走動，絕對需要另一個看護。她服用藥物時還算客氣，即使如此，每天淋浴時還是接近大打出手，碰上洗髮日，更是讓我恐懼萬分。但一旦淋浴完畢，她就變成一個可人兒，會在鏡子邊縱容自己，笑得像往日那個貴婦。

她的財富大多來自家族，她以「老老的錢」稱呼。她的丈夫雖也出身豪門，但還比不上她的出身。他做了幾筆不正道的生意後，被關了好幾年。被佛羅倫絲允許進入她生活的一個親戚告訴我，從那時起，佛羅倫絲就開始懷疑每個人而產生被害妄想症。

她的丈夫出獄一年後便去世了，她的被害妄想症此後不再有機會療癒或減輕，心理日益惡化。她完全信任他，相信其他人都想要她的錢，而他是被陷害入獄的。他丈夫有罪與否對我和她的交往不會造成什麼影響，我一時沒有思考這回事。

大部分時間，佛羅倫絲接受了在醫院病床上的生活。能在自己的家裡生活讓她很快活，有時也承認樂於有看護陪伴。然而，每天下午另一個看護到班前的幾個小時，她會露出她的另一面，再次成為一個完全不同的女人。我幾乎可以根據這個變化為鐘錶定時。

「讓我出去。讓我下這個該死的床。救命！救命！救命！救命！」她會尖叫，聲音迴盪整座大廈，穿過大理石地板。我走進房間，有時可以安撫她幾秒鐘，但只有幾秒。我的意思是，最多三秒鐘，然後那尖叫會再次爆發。「救命！救命！救命！救——命——」

這種時候，不可能跟她講道理，我雖然覺得她很可憐，很想讓她下床，但我知道她的另一面，不值得冒著人身安全幫她。那個她用掃帚和狂野的決心追我的影像，從未消逝。在她下午的喊叫比賽中，我會瞥見她那好戰的個性，讓我回想起那可怕的影像，立刻說服我聽從專業醫師為她設定的管理常規。

不過，我確實為她感到難過，被困在自己的家裡一定十分可怕。她床上的側欄、法律上的義務和專業決定結合起來，把她束縛起來。不過在此之前，被害妄想症也曾束縛她。她的疾病剝奪了她離開家園的自由，執著地不信任人，擔心如果她信任人，別人可能偷走她的東西。

雖然大多數人可能沒有被綁在一張床上，但有可能自己創造出生命的陷阱，深陷其中，迫切需要釋放。我最早的記憶之一是被困在一個箱子裡，但我其實並不覺得受困了。

那是一個大木箱，在花園裡房子的側邊。我哥哥說服我爬進去，然後把門鎖上。我仍然記得坐在黑暗中，感到安全而快樂的感覺，甚至當我只有兩三歲時，我就知道自己喜歡獨處，而那份平靜很美。一段時間後，我母親恐慌的聲音傳來，我回應，一切就沒事了。我給放了出來，回到繁忙與混亂的家庭生活。

如果有人告訴我，攝影和寫作最終會帶領我上舞台表演，我可能會嘲笑這種想法太過荒謬。一開始，我到市場上販賣攝影作品，然後是畫廊，賣作品的收入並不夠我生活，但那所帶來的鼓勵足夠讓我緩慢而穩定的前進。

這些小小的肯定讓我決定進入攝影界，後來在墨爾本一個專業攝影工作室工作。不幸的是那是份辦公室的工作，在沒有窗戶的房間裡的日光燈下熬了一年的無聊時光後，我承認這份工作並不比銀行工作更令我滿意。我沒有機會進入攝影業創造性的一面，結果我對這份工作變得毫無興趣，終於犯下粗心大意的錯誤。我記得當時常常嘆氣，頭支在手肘上，手掌扶著下巴，努力為職業生涯尋找滿意的解決方案——然後再嘆氣。

不過從這個角色，我的確看清並不需要在攝影界工作，就可以拍出漂亮的照片。在幾個數位通朋友幫助下，後來我做了本以攝影和靈感為內容的小書。又一次，可以預見大家對作品品質的讚譽，但不足以讓這本書出版。

學到了放下的力量後，我開始接受，那本攝影書出版與否，到頭來並無關緊要，我在自己的眼中已經成功了，因為我已勇於嘗試。**成功並非依別人是否出版你的書而定，而是依你有無勇氣不論什麼情況都做你自己而定。**

從整個做書的過程學到教訓，本身就是禮物——我終於能夠放下了。也許這本書流過我的生命，只是為了讓我有所學習，說不定它會在我準備得更好時，在另一個時間實現。

孩提時代，我們會為親友辦演唱會，音樂在我的基因裡面。儘管父親擁有其他所謂的「明智」的職業生涯，但當他遇見我母親時，他是個吉他手和作曲家，而她那時是歌手。但我從來不曾渴望上舞臺，我其實很樂於匿名。很多作曲家不表演，我想成為其中之一，但想要讓我的作品為人所知，表演自己的歌曲是很好的方式。

這嚇壞了我，有好長一段時間讓我心裡忐忑不已。試圖找到我愛的工作，對我來說已屬不易，我似乎從未挑戰成功。一直將隱私視若珍寶的我一時難以接受，我很清楚地受引導去做的工作，居然把我帶到公眾眼前。我所看到的未來生活絕非是我冀求的。

不過，我們受到教訓是為了療癒，不一定是為了享受。那是可怕的對抗時間。一些特定的人對我的新方向有許多負面的反應，接收來自他們的負面能量對我並沒有幫助。但無論如何，我渴望生活把我淹沒，不要讓別人注意到我。

最後，我接受了，如果這項工作是我人生道路的一部分，而我這麼做能幫助別人，那麼希望我會漸漸地成長進入我的角色。我相信不論還有誰會聽到我的音樂，這個學習總能幫助我成長，這也幫助我接受了這個情況。

幾個音樂家朋友的支持，在此時救了我的命。回想我第一次表演，我視觀眾猶如自己。即使音樂還可以，但很長一段時間，我明顯感覺到表演是痛苦的。我的手發抖，吉他會反彈，我會彈不到弦，而聲音會完全卡住。我極度討厭這樣，往往緊張得想吐。

靜坐冥想在這方面給我極大幫助，練習也是，與你堅持的任何事情一樣，練習多了，終究會愈來愈好。然而，經過所有這些緊張和恐懼，還是有些東西驅策我前進。

那是我接受了這是我生命工作的一部分，以及想貢獻的渴望。那也是想被聽到的欲望。一條已受壓抑過久的思想途徑出現了。

當我完成第一首歌，再過一兩年開始表演時，早已過了而立之年。此時滴酒不沾意味著我必須迎頭面對我的恐懼，沒有人工援助。不過，表演幫助我打開了世界，它帶來了許多禮物。

在我照顧佛羅倫絲時，我同時在城裡酒吧做詞曲創作的巡迴演出，這種事我不大喜歡。這段時間我很孤獨，因為情緒創傷讓我嚴重退縮，我想辦法上台唱自己的歌，但很長一段時間無法樂在其中。

不過這一切都有助我的成長。當你與一屋子陌生人分享個人的想法，肯定會再度把你打開，我的歌曲和我所說的話不斷有積極迴響，也鼓勵我創作歌曲。

那時我開始參加一些民間音樂節目，並體會表演人獲得觀眾尊重的幸福，這些觀眾不僅聽你的歌曲，也完全明白這些歌曲。那種與志同道合的人心相聯繫，感覺有如夢幻。從那時起，我只去美麗的場館或適合的音樂節表演。

不過，回想起我第一次表演時的影像，我幾乎認不出那個脆弱的可憐人。現在我現場表演時很有信心，因為我是在正確的場地向正確的觀眾表演。我的歌詞是有意義的，大多很溫柔，而且有價值。我不再在酒吧跟透過麥克風吼出來、不入流的歌競爭，也不再因為拳擊賽投射在牆壁上，就與觀眾失去了聯繫。如果我犯了錯誤，我輕輕地笑自己一下就繼續表演。畢竟，在台上表演的也是人。

除了必須面對表演時起初的恐懼，我繼續走創作之路，是需要勇氣的。我最近還完成了一年的音樂課程。我決定要更了解這個行業，於是自學了一些非常基本的音樂理論，至少夠我通過節目的試音，試音包括要唱自己的一首歌，而我唱得抖音十足。但我還是過了關，我三十多歲還是學生，而我愛其間的每一分鐘。

不過，表演時征服我的神經，得採用不同的工具。練習肯定是一件工具。不斷把自己送上台也愈來愈改善了我的演奏、歌唱和信心。

當我的神經一下子繃緊，或者消極的想法浮現，像「我到底在上面幹什麼？」，我會唱了一半就回到我的冥想練習中。我沒有真的停止唱歌或在舞台上盤個蓮花座，不是那樣，歌唱會繼續，我的吉他演奏也一樣，但我會把注意的焦點改到呼吸上，觀察氣息出入。

整段時間，我會完全信任肌肉記憶，信任它會記得把我的手指放在吉他的什麼地方，歌詞也不斷從口中流出。

那一刻，我必須把注意力集中在呼吸上。這個辦法好得令人難以置信，我會平靜下來，然後回到歌曲上，表達得更好，更有現場感。

表演教了我許多偉大的事情。在我沒有特別想演奏的時候，我非常感謝生活讓我有機會上台。不經一事，我們怎麼可能長一智呢？唯有經歷過了，我們才可能學到東西。

我未來是否繼續表演真的跟我不再相干，我要表演就去表演，還會大大享受，不去表演就不去，那我就會大大享受我做的其他事。兩條路不管怎麼走都不要緊，我的人生路帶我到哪裡，我就往哪兒走。

但透過在表演時掌握我的神經，我開始在其他方面掌握我的心。我正把自己從不健康的思維模式所創造的陷阱中釋放出來，我們都有必須把自己釋放出來的陷阱，那些陷阱、那些束縛大部分是觸摸不到的，如果觸摸得到，它們也可能起源於觸摸不到的陷阱和束縛，例如不健康的思想和消極的信仰系統等等。

不幸的是，親愛的佛羅倫絲仍被綁在她的床上，至少要等到另一位看護抵達。因為我在現場並不能降低她大喊大叫的音量，因此我不在房間裡自然是對自己比較慈悲一點。有時我會把頭探進去，她會暫停大約兩秒鐘，盯著我，然後把目光移開，又開始尖叫「救命」。

當我們降下她床側的圍欄，叫嚷會在一瞬間停止。就像這樣，佛羅倫絲對我們微笑著。

「噢，妳們兩位好。今天還好嗎？」她問道。我們看著對方微笑，一面幫她下床。雖然另一位看護不必每天忍受佛羅倫絲喊叫幾個小時，她每天下午仍然要受到這樣的歡迎。

「很好，謝謝妳，佛羅倫絲，妳今天還好嗎？」我問。

「哦，還不錯，親愛的。我剛剛一直在看港口的船隻。他們在星期三比賽，妳知道吧？」

我附和她的話說：「他們肯定這樣做，佛羅倫絲。」

我們一起逛花園，對花草樹木的顏色驚嘆不已。花園多年來乏人照料，但最近依法可處置佛羅倫絲財產的親戚，堅持花園要美輪美奐，好讓佛羅倫絲神智清明時可以享受。因此，園丁編織起他們的魔法，而游泳池也再度清澈而乾淨。

「看看我美麗的花園，」她對我們說。「每年此時它看起來多麼壯觀。」

我們都打心底同意她的話。在長久的疏忽底下，一座漂亮的花園仍然保留了下來，而且正回復盛景。

「前幾天我才在這裡種這些花，妳知道吧。妳必須經常修剪整理，特別是有這些爬行動物。」我們笑了，再次同意她的話。想起此地一兩個月前還是雜草叢生、看起來骯髒的叢林，聽她怎麼看它真是有趣。

她把一些藤蔓從花朵拉開，繼續說：「對花園你不能懶惰。它們需要很多的愛和時間。」我們問了她一些跟花有關的問題，她驚人地清晰回答，滿口道理。「這些藤子會把花朵綁住，把花勒死，」佛羅倫絲告訴我們，一邊又把某些藤蔓拉開。我點頭，她繼續說：「我不會讓任何陷阱困住我，妳知道吧，我也不會讓任何陷阱困住我的花朵。」

佛羅倫絲繼續在她美麗的花園摘除束縛花朵的藤蔓時，我默默地禱告感謝，為著找到了勇氣，開始破除我自己的束縛。就像一朵花，我現在也可以自由地成長開花。

07

約翰

真希望這輩子沒有這麼賣命工作

「如果我可以告訴妳一件關於生命的事情，布朗妮，就是這件事了。不要弄出往後會後悔工作得太辛苦的生活。我現在可以說，我以前不知道我會為此後悔，直到現在大限來時才曉得。」

我瀝乾盤子，聽到我的客戶約翰在他的辦公室像個小學生似的傻笑。「是啊，她的年齡也剛剛好。」他呵呵笑著，繼續在電話上對他的朋友形容我。約翰快九十歲了，我才三十幾歲。

我憶起一個七十歲的男人曾對我講的一句話：「所有男人都是男孩。」隨後搖頭微笑。

約翰走出辦公室，沒有任何做了惡作劇的跡象。這位外交手腕高明的紳士想要帶我出去吃午飯，他問我有沒有粉紅色的衣服穿？如果沒有，他可不可以買一件給我？我笑著婉拒了他的提議，因為我確實有一件粉紅色的。雖然它不是我擔任護理工作的制服，但我告訴他我很高興答應不久人世的人的請求。他歡喜不已。

我們在一家高檔的餐廳訂了張雙人桌。那是主桌，在正前方，得以俯瞰公園到港口的景觀。約翰穿著綴了黃金飾物的海軍夾克，看起來短小精悍，空氣中瀰漫著新鮮的潤膚水味道。

他的手搭著我的腰，引導我走向餐桌。我看了外面的景觀後，回頭望了一眼，瞥見他向坐在附近一張桌子的四名男子眨眼。他們上下打量我，全都咯咯地笑起來，但一意識到他們被識破了，立刻佯裝無事。

「你的朋友啊，約翰？」我微笑著問。他結結巴巴地承認，說他希望朋友看到他有多幸運，能有身體情況這麼好的看護，我嗓子差點沒笑啞。「對一屋子八九十歲的人，我這年齡的女人，任何一個身體情況都很好。」不過我必須承認，他的舉止無可挑剔，我也真希望我這一代的男人，仍然保有他的魅力和用餐禮儀。我們共進了愉快的午餐，約翰事先打過電話，解釋說他帶了位素食朋友來餐廳，他們還特別烤了一大塊美麗的蔬菜麵包。

原來，他的朋友全都被禁止打斷我們的午餐，甚至不准到我們桌邊來。他會在事後介紹我。因此，儘管他們早已用餐完畢，都耐心坐著，直到約翰和我講完話，用完了我們的午餐。然後，他的手又搭在我腰上，引導我去他們桌子，而我扮演完美的女友，把他們全都迷住，但又要確保約翰最受關注。他讓我想起全身羽毛驕傲豎起的公雞，那是段有趣的時光。

不過，在這一切底下，有個男人正步向死亡，參加可能是他最後幾次的戶外活動，陪他玩這樣一個無害的遊戲，有什麼壞處呢？一旦回家脫下我的粉色女裝，換上更實際的工作服，令約翰失望的是，我竟然協助他上床睡覺去了。出遊可能讓他高興，但也使他筋疲力盡。

快死亡的人能量非常弱，單單出遊一下就可以變得好像一週揹了八十小時磚塊似的，那令他們完全耗竭。親友往往意識不到他們用心良好的探訪可以讓病人累垮。約莫在他們生命的最後一週，超過五或十分鐘的探訪對病人都足以成為艱苦的工作，不過這通常也是他們會被訪客轟炸的時候。

不過今天下午只有約翰和我兩個人，他睡得很沉。我把粉紅洋裝折疊好放進包包裡，與他共進午餐讓他高興了一陣，讓我心中升起一股暖意，我自己也很高興。

隔週約翰惡化的情形，讓我非常感謝我們已經出去吃過午飯。他再也不會離開家了，也許還有幾個星期，也許不止，但他的力量迅速消失。那天下午近黃昏，我們坐在陽台上，看著太陽從海港大橋和歌劇院落下，約翰穿著他的晨衣和拖鞋，試著吃了一點，但挺費力的。「不要擔心，約翰，只吃你能吃的，或者想吃的。」我說。

我倆都知道這句話背後沒說了些什麼——約翰快死了，時間不會太久。

他點個頭，把叉子放在盤子上，交給我，我把托盤放到一邊，我們繼續看日落。

午後一片平靜，約翰說：「我真希望沒有工作得這麼辛苦，布朗妮。我真是個愚蠢的傻瓜。」我坐在陽台上另一張躺椅裡面，看著對面的他。他繼續講。「我工作真他媽的太努力了，現在我成了個孤獨、垂死的人。最糟糕的是，我退休的這些年一直很孤獨，而我不需要這樣的。」

然後他告訴我整個故事：約翰和瑪格麗特養育了五個孩子，其中四個已為人父母，另一個三十出頭就去世了，當所有的孩子都長大成人，家裡變成空巢，瑪格麗特希望約翰退休。他們身體都健康結實，也有足夠的錢，但他總是說，他們可能需要更多錢，但她每次都回答說，他們可以賣掉現在幾乎空蕩蕩的大房子，換一間更合適的房子，這樣就可騰出更多錢。這場戰鬥他倆打了十五年，而他仍不停地工作。

瑪格麗特感到孤獨，渴望在沒有子女或工作的狀態下，重新探索他們的婚姻關係。多年來，她勤讀旅遊手冊，提出不同的國家和地區去探訪，約翰也希望多旅行，他同意瑪格麗特建議的任何地方；不幸的是，他也很喜歡工作帶給他的地位。

他告訴我，他並不特別喜歡工作本身，而只是喜歡工作帶給他的社會角色，以及他在朋友間的角色。追逐交易達成目標也讓他上了點癮。

一天晚上，瑪格麗特流著淚乞求他退休，他看著眼前美麗的女人，體認到她不僅是寂寞得絕望，渴盼他陪伴，而且他們都已垂垂老矣。這個奇妙的女人如此耐心地等待他退休，看著她，她還是跟他初見她那天一樣美麗，但他這輩子第一次考慮到，他們不會永遠活著。

雖然被不能接受的理由嚇呆，但他同意退休了。瑪格麗特一躍而起，抱住約翰，喜極而泣。但笑容沒有持續多久，在他補充了一句「再一年」後立即從她臉上消失。

那時公司有個新交易，他希望看到這筆交易完成。她已經等他退休等了十五年，當然可以再等待一年。這是一種妥協，她很勉強地同意了。

太陽下山時，約翰告訴我，即使那時他都覺得自己的選擇挺自私的，但他不再做一筆交易，就是無法退休。

他心愛的妻子夢想此刻已經好多年，事情終於可望成真，她做了一些實際的計畫，定期打電話給旅行社。每天晚上他回家，她會準備好晚餐，然後在曾經全家一起吃飯的飯桌旁用餐，她非常興奮地分享她的想法和意見。雖然如果她有其他建議，他仍會堅持再過十二個月再退休，不過他也愈來愈喜歡退休的想法了。

他同意退休後四個月，還剩下八個月的時候，瑪格麗特開始出現反胃的感覺。起初是有點噁心，但差不多一個星期後，那種感覺還是沒有消退。

「我明天跟醫生約了。」下班後她告訴他：「天已經黑了，遠方交通一片繁忙，其他下班的人仍在回家路上。不過我肯定不會有什麼事。」她故作輕鬆地說。

雖然約翰擔心她不舒服，但心中沒有多想，直到第二天晚上，瑪格麗特對他說，醫生建議做一些檢驗。即使在接下來的一週，檢驗結果還沒出來，然而她的不適和疼痛卻與日俱增，在在告訴他們有些地方不對勁了，只是他們沒有預料到有多不對勁——瑪格麗特已經大限將至了。

我們常花許多時間計畫未來，往往依賴在往後才會到來的事情，靠這些事情確保我們的幸福，或者是假設我們擁有世界上所有的時間，而其實，我們真正擁有的只是今天的生命。

約翰現在面對的遺憾不難理解，我理解人們能夠如何熱愛自己的工作，也無須為此愧疚；我也愛我的工作，儘管往往悲傷難免。但是，當被問及如果他沒有這樣一個支持他的家庭生活，他會不會這麼喜歡他的工作，約翰搖了搖頭。

「我很喜歡這份工作，這是肯定的。而我也絕對喜愛工作帶來的地位，但是現在這有什麼意義呢？我把比較少的時間給了真正陪我走過人生的人，我親愛的瑪格麗特和我的家人，瑪格麗特她永遠愛我、支持我，但她需要我的時候，我卻不在那裡。她是個很有趣的人，我們要是一起去旅行，一定十分開心。」

約翰退休日到臨前三個月，瑪格麗特走了，雖然，他那時已經因她的健康而退休。約翰述說他退休後，如何受到罪惡感困擾，甚至當他能夠接受他的「錯誤」時——他這麼描述——他仍然渴望與瑪格麗特同遊共笑。

「我想我很害怕。我被嚇呆了。我的角色已經以某種方式把我定義了。當然，現在我坐在這裡快死了，我了解到人生只是做一個好人就已足夠。我們為什麼要這麼依賴物質世界來驗證我們的價值呢？」約翰把他心中想的大聲說出來，那些偶發的句子充滿了對過去和未來世代的悲傷，太多人想要一切，根據他們擁有的以及他們做了什麼，而不是根據他們的心中是什麼人，來判定自己的重要性。

「想要更好的生活沒什麼錯，不要誤會我，」他說。「我只是說，追逐更多的東西，還有透過我們的成就和財物得到肯定的需求，可能會妨礙我們得到真實的東西，像是與所愛的人在一起的時間、做自己愛做的事情的時間，還有平衡。最要緊的可能是平衡，對不對？」

我默默地點了點頭，表示同意。天上出現了幾顆星星，多彩的城市燈光映在水面。平衡對我來說也一直是個挑戰，即使在這個角色裡，許多事情似乎不是全有就是全無。十二小時輪班是我正常的工作時間，而當客戶接近結束的時候，他們與其家人都希望病人得到最好的照護。所以在他們的最後一個月，每週工作六天是常有的事，有時中間還要接個大夜班，這意味我要連上三十六小時的班。一週上八十四小時的班，對任何人都不健康，即使你愛你的工作。

當客戶的生命成為過去式，我會疲憊得要命。通常在這樣一個案例後，另一個常態的客戶要一段時間後才會出現。我很歡迎這段休息時光，可以與朋友再接上頭、恢復我的音樂和寫作，然後全部又做一遍。但這種工作形態的不一致性，對我的經濟造成了很大的壓力，如果工作停止了，收入也就暫停了。

大約這個時候，有人提供我一份每週一天的工作，在產前中心擔任辦公室經理。那是一份穩定的工作，我喜歡。這個中心提供孕婦分娩課程，有段時間，我會一下去照護大限將至的人，接著又去產前中心讓幼兒攀爬到我身上，在我臉頰上留下口水滴答而下的親吻。

這段經驗提醒了我這世界還有生命的喜悅和完整的生命週期，這對我很健康。當一個客戶告別人世，一個新的嬰兒會到達中心；小傢伙們是如此難以置信的脆弱而美麗。

我的老闆瑪麗是我所知道最美妙的人之一，她的心和她來到這個世間時一樣寬大。我愛她，現在還是愛。

和新生命在一起，讓我的生活非常健康。與垂死的人相處，又對客戶與其家人產生強烈的同情心，有時的確把我磨得疲累不堪。全世界不乏把生命奉獻給瀕死者的人，也許他們掌握距離的本事已超過我，或者比我更能保持平衡，但不管怎樣，我充分尊重他們。

我所確知的是，一個星期有一天圍繞著生命週期的開始而非結束的日子，給我的生活帶來了輕鬆，這是這些年來我失去已久的。這份能量新鮮而充滿活力，就像有人為我打開窗戶，讓清新的空氣吹過。

從那時候起，我對生命中其他人的慈悲心才得以成長，因為我認知到，他們也曾經是脆弱的小寶寶，他們有一天也會死，就跟我一樣。我開始把我的父母、兄弟姊妹、朋友和陌生人，當作嬰兒和幼童看待，也曾經以幼童的天真和希望信任生命。我想到在別人——不管是家人、同儕或社會——把傷口傾倒在他們身上，影響了他們初生時對他人的自然信任與開放之前本來的面目。

我終於明瞭人心的良善，於是我從心中流出充滿母愛的保護天性，開始喜愛他們。

我看到這些年來人們所說的傷人話語，並非真的出自於他們。那些話來自他們的傷口，而不是來自他們出生時那美麗清純的生命。幾十年前出生的那些珍貴的嬰兒，仍然是他們的一部分；一個親愛的、天真的小孩也還住在每個人心中，而有一天，他們也會收到來自這麼多歷經死亡過程者的事後智慧。

也許有些時候，我認為我不愛生命中某些特定的人，但我了解，我不愛的只是他們的行為和話語。現在，我很喜歡他們天真的心、曾經相信世界會為他們帶來幸福和照顧的心。當世界沒有這麼做時，苦難一腳踢進來，而他們的痛苦和幻滅感讓他們以不健康的方式反應。

我也沒有什麼不同，我也曾透過自己的苦難、自己對生活沒有照希望呈現所生的失望，造成別人的痛苦。那個信心已因接觸別人的痛苦而破滅的小女孩，接著便用她自己的疼痛向別人做出反應。

陽台上，我坐在約翰旁邊，也看到了那個脆弱的孩子——一個珍貴的小男孩，透過他的人生經驗，他不知何故認定，透過工作證明自己，會比與妻子去旅行讓他更快樂。他是個老人，然而他靈魂裡那個無辜的小孩子仍然鮮明，他深深地嘆口氣，眼淚偶爾緩緩從臉頰流下。

我讓他留在自己的念頭和隱私中，進屋裡洗菜。回來時，我在他腿上放條毯子，坐下來前，在他臉頰上吻了一下。

「如果我可以告訴妳一件關於生命的事情，布朗妮，就是這件事了。不要弄出往後會後悔工作得太辛苦的生活。我現在可以說，我以前不知道我會為此後悔，直到現在大限來時才曉得，但在我心深處，我知道我工作得太辛苦了。不只是對瑪格麗特，對我來說也是。我情願沒有那麼在乎別人怎麼想我，就像我現在這樣不在乎。我不知道為什麼我們要等到臨終才把事情搞清楚。」

他搖著頭繼續說：「愛你的工作、想要盡心去做，沒什麼不對。但生命這麼豐富。平衡才是重要的，保持平衡。」

「我同意，約翰。我已經受過這個教訓了，但我還在照這個教訓練習做，不用擔心。」我坦承。

他知道我的意思，我們分享了不少故事，足夠讓他明白我這個人。約翰接著自顧自笑起來，於是我問他，鼓勵他分享笑話。

「好吧，我說，如果有一件事我可以告訴妳，就是不要後悔工作得太辛苦。不過我剛剛想到另一件事，幾乎同樣重要。」

「繼續講。」我微笑著說。

他露出惡作劇的眼神看著我說：「妳絕對不要扔掉那件粉紅色的衣服！」

約翰大笑指著我的椅子，然後拍了拍他椅子的側面，示意我拉過椅子，我邊笑邊照做。

我們並坐著俯視海港，腿上蓋著毯子，幾個小時又過去了。談話不時會停下來，落入舒適的沉默，然後再恢復。其他沉默的時刻，會只是被約翰的一聲長嘆打破，我便拉著他的手，他也回握我的手。

他轉頭看著我，露出悲哀的笑容，「除了我的家人以外，如果我能對這個世界留下任何好處，我要留下這些話：**不要工作得太辛苦，努力保持平衡，不要讓工作占據整個生活。**」我輕輕地微笑著回應他，舉起他的手，親吻手背。

那晚，約翰去世了。雖然我那時候不知道，但是他的話又由我後來照顧的人一次又一次地重複說給我聽。他提出了他的觀點，而這是一個我永遠不會忘記的觀點。

08

露絲

目的和意圖

要弄清楚你想做什麼工作可以花上好多年，
而我也真的花了好多年。
但等待到那時的滿意，
將會使任何人都覺得早先的搜索是值得的。

我的工作狀況慢慢傳了出去，隨著口碑建立，找我的人愈來愈多。在露絲的房子生活那段時光已經過去好久了，但是，許多人看到了他們離開時由我來照顧他們家園的互惠互利。

雖然搬家也有讓我很疲累的時候，但每隔幾個星期或幾個月搬家，也讓我接觸到許多美好家園。其中有一次我甚至住進澳洲首屈一指的富豪家中。

我會照顧珍珠，就是透過我幫忙看房子的一位客戶。她的家讓人十分愉快，和她本人一樣，至少就垂死的人而言是如此，我們立即喜歡彼此。她有三隻狗，有一隻對陌生人通常很膽怯，但幾分鐘之內便坐到了我的腿上（動物知道誰是喜愛動物的人）。這隻小黑狗對我的反應，立即促進了珍珠和我的關係。

幾個月前，在珍珠六十三歲生日前夕，她被確診罹患絕症。為了她的狗和心愛的家，她決心死在自己的床上。一位朋友表示屆時願意三隻狗一起收養，珍珠知道牠們以後能在一起，就平靜了。她也能接受她已不久人世。

我照料過的許多客戶最初都否認他們的情況。他們會經過一系列的情緒，最後才接受無可避免的結果。有些客戶會感到震驚，因為這個消息傳給他們的方式常是令人難以承受的重。傳達這種訊息的人，偶爾會做得太過於就事論事，不了解他們傳話的全面影響。有時傳話的是家人；有時是醫療專業人員，不過，在這種場合，真正的溫柔是絕對必要的。

然而，珍珠坦然接受她的時間已經到來。使這更容易的原因一部分是，她三十多年前已經失去了丈夫和他們唯一的孩子，一個小女孩，兩人離世相隔一年。她心中知道，她就快再看到他們了。

她的丈夫工作時突然發生事故，雖然她不喜歡用「意外」這個詞，因為她相信沒有這樣的事情。

「那就是要發生的，」她告訴我。「那帶給我莫大的痛苦，但從那之後活了三十多年來，我已經了解，那個損失如何幫助我成為現在的我，以及願意幫助別人。沒有經歷過他的離去，我不會成為今天的我。」

對於失去她的小女孩——托妮雅八歲死於白血病——她也抱持哲學態度。「失去孩子和每個人說的一樣不好，沒有一個父母應該經歷這種事，但他們會經歷這種事，全世界、每一天，我只是其中之一。」我傾聽著，很欣賞她討論女兒時的平靜。「我為她高興，她沒有受苦太久。我相信她走進我的生活，是為了教我無條件去愛的喜悅，從那時起，我便能夠把那種愛給別人，即使我跟他們沒有關係。親愛的托妮雅，我親愛的小天使。」

回憶已從她腦海中清晰的畫面褪色，但在她的心中一點也沒有減損。珍珠對女兒的愛像以往一樣強烈。**愛不會死**，她歡悅地告訴我。她繼續分享，托妮雅去世後生活如何有段時間變得困難，花了好幾年才恢復正常。但她從沒有把自己看作受害者，雖然她知道失去孩子的痛苦，也不希望任何人發生那種事，但她也體會了擁有孩子的喜悅，如她所指出的，並不是每個人都有這樣的機會。

她繼續談許多人的生命如何艱難，有些人遭逢艱鉅挑戰，但仍設法奮戰，從小處找到快樂。然而，有些人則對他們的生活抱怨連連，根本不知道他們的生活比別人好得多。我同意珍珠說的這種反應屢見不鮮，不過儘管我有時仍然背負痛苦，但也不曾無視我受過的祝福。比上或許不足，比下總是有餘。

當珍珠失去丈夫和女兒，想辦法讓生活重上軌道，她全心投入工作多年。那份工作她十分喜歡，她愛她的同事和顧客，並且感覺她在那裡的部分理由是讓他們受到啟發和快樂，這點她做得很好。不過，她總是有些空虛。幾乎二十年來，她把它歸咎於失去家人。

有一天，偶然的一句評論改變了她的生命，她在工作之餘幫助一位顧客，這位顧客正在開發一項新的社區計畫。珍珠不自覺地愈來愈涉入，僅僅是因為她喜愛這個計畫以及這些人做的事。「二十多年來，我首次再度燃起激情。妳知道為什麼嗎？」她問我，我等待著答案。「我有目的了，真正的目的。這是為什麼我的工作讓我感到空虛。它對我沒有充分的目的。」

把她的話和我的生命關聯起來不難，我和珍珠分享了我的工作歷程，包括我經歷過的掙扎，直到我在安寧療護和音樂中找到自己，這兩件事都讓我對生活愈來愈滿意。她同意我的工作真的有目的，尤其是和我做過的其他角色相比。但和我一樣，她也相信如果他們是以本來面目在對的領域的話，任何人都可以在工作中找到真正的目的。那僅僅是觀點的問題。

珍珠家有一間美麗的溫室，冬陽會透過玻璃屋頂灑在我們身上，明亮而可愛。每天早晨，我會讓她坐進輪椅推到那裡，通常至少有一隻狗在她腿上，有時三隻。我們會喝一大堆新鮮花草茶，為每個新的一天而喜悅，當我對她說，我在那裡一點也不感覺是在工作，她臉上發光地說：「當然，本來就應該如此。**當妳做熱愛的工作，不會覺得像是工作，那只是妳是誰的自然延伸。**」

那個社區計畫演變成珍珠終身的志業。一年內，她辭去舊工作，完全投入她的新角色。薪酬最初比較少，但她不在乎。不過隨著時間推移，酬勞增加了。她笑著說：「有時往前跳之前，你必須先退幾步助跑。錢是如此受到誤解，錢會把人永遠留在錯誤的職位上，因為他們以為自己無法做喜愛的事又能賺錢，其實可以是另一種情形，如果你全心愛你所做的，你便可以對金錢更為開放，因為你更專注在工作上，同時更享有作為人的快樂。當然，要改變思想需要一些時間，而停止努力去想出錢怎麼來也需要一些時間。」

我有位朋友講得好，我把他的話與珍珠分享。他說我們過分強調金錢，我們需要做的是想出來要做什麼事、什麼企畫，然後朝著它有重點、有決心、有信心地去做。不要想錢的問題，改想企畫，那麼錢往往會透過想像不到的來源，自然地找上你。

懷著勇氣朝目標前進的最大回報，是當我錄下第一張專輯的時候。時機是完美的，因為我那時正好在做我最喜歡、最固定的看顧房子的工作，在那裡我們可以錄音。那是棟深粉紅色的豪宅，俯瞰一片熱帶雨林。所有參與者可以找到相同的時間見面，尤其我的製作人是個大忙人，但也設法撥出時間，其他音樂家對時間表也滿意。缺少的只有一樣東西：錢！我有一些，但還不夠。

不過，我心中的一切都說照常準備，就好像事情正發生一樣，所以我照辦了。音樂家預訂了，我也專門挪時間排練、微調歌曲。但隨著日子愈來愈近，推動我到這一刻的信心開始動搖。我心深處知道，如果做不成，我不會被一直引導著這樣做。所以，在信心比較強的時刻，完全相信一切將水到渠成的信念是存在的。畢竟，我過去也對冥冥中的大神懷有絕對的信心，也相信我有能力吸引來我需要的東西。但恐懼開始浮出表面，竟到了我的信念再也不能掩蓋的地步。

我們訂於次週一開始錄製，到了星期五下午，錢仍然沒有著落。恐懼開始肆虐，製作人付不起用過的時間，其他音樂家也只剩有限的時間。我開始恐慌，直奔冥想坐墊坐下，已經儲備了幾個月的淚水奪眶而出，因為我全心專注並保持堅強。淚水傾瀉而下，我抽泣著釋放所有的挫折感，承認我再也不能這麼做了。我沒有餘力了，我已經照老天引導的去做，但無法繼續下去了，這一切太辛苦了，我就是再也做不下去了。

那放手的美麗時刻！它就在那裡。沒有什麼我能再做的了，我就是必須把它交給更大的力量。

我感到害怕和疲累，決定走出去，看些音樂節目消遣一下。就在那時，一位朋友打來電話，她不知道我的情況，邀請我跟她和另一位朋友出去。她們準備去一家咖啡廳書店。那感覺比獨自去聽樂團演唱更有吸引力，我接受了。我答應自己要享受夜晚，忘記我的情況，於是開心地出門。明天是新的一天，那時我再來處理事情，但是今晚，我需要忘掉它。

我的朋友加布里拉瀏覽書籍時，我坐在咖啡廳的長沙發上，與她的朋友聊天。蓮恩和我只有一面之緣，幾年前短暫的偶遇，此後我們的人生路便沒有交集過。她問我住在哪裡，於是我向她解釋我看顧房子的生活，她深受吸引，也對她有幫助，因為她正要進入房地產市場，很重視我對迄今住過的不同郊區的意見。她進一步詢問，我告訴她怎麼因為想要免掉租金，做我的創作，特別是音樂，結果進入了這種生活方式。

蓮恩正身陷非常混亂的離婚過程，跟我一樣想從原有的生活脫離出來，所以很歡迎有些事可讓自己分心。我們的對話自然地繼續下去。她接著問我的專輯，把我帶回目前的狀況，心裡頭還很懊惱為什麼要讓談話回到這個主題。但我誠實地告訴她事情的狀況，以及我如何在等待奇蹟來救我。

她又問我一些專輯的事，還有跟我合作的人，我們計畫如何用樂器演奏，我是怎麼跟音樂結緣的，又是什麼驅使我去表演，我一五一十地告訴了她。然後她毫不猶豫地宣布，她一直想支持藝術家，但不知道支持誰，她現正經歷自己生命中很蹩腳的時光，需要做一些積極的事情，所以星期一上午就會帶著我需要的現金給我。

解脫和喜悅的淚水從我雙眼迸發出來，我簡直不敢相信，我真誠地擁抱她，強忍住放聲大哭的衝動。完工了！我做成了！專輯要出來了，錢找到我了。

蓮恩在幾次錄音時出現，有她在場很好，她會躺在長長的地毯上透過耳機聽我們唱歌演奏，錄下一段一段新音軌。不過她對一切很超然，只是看到這些發生就足以讓她心滿意足，她是如此美麗大方！這件事此後也帶給我每一次信心飛躍的力量。**幫助確實會來，我們只是必須走出新途徑。**

珍珠很喜歡聽這個故事，因為它增強了她相信的一切。「完全正確。恐懼會把我們完全封鎖。錢只是另一種形式的能量，希望帶給我們美好和幸福的能量，但我們錯誤地使用了錢，給予它權力、追逐它、恐懼它、在追求它時打破生活的平衡，因為我們著了它的魔。」她說。「錢跟我們呼吸的空氣一樣容易取得，我們無須浪費時間擔心空氣夠不夠，也不應該浪費時間擔心錢會不會夠。就是這些想法阻擋了這慈愛的創造性能量自然流向我們。」我理解並同意。

當珍珠剛加入社區計畫時，資金一直是成員關注的問題。他們所有的能量都投入怎麼找錢，而不是為什麼需要錢。值得慶幸的是，工作團隊對珍珠的哲學保持開放的態度。雖然他們最初對自己沒有足夠的信心，不相信他們能夠為計畫的每個項目吸引所需的資金，但他們相信珍珠的信心。因此，他們同意繼續為計畫努力，相信資金會進來，但也持續採取積極措施，盡可能提供協助。他們也學習在沒有什麼可以再做時放下，只是不停的工作，好像資金即將挹注進來似的。不過，珍珠的信心堅定不移，結果，她大大鼓舞了團隊。錢很快就從許多意想不到的來源流入，為成員創造極大的喜悅。

太陽現在已經劃過房子上方，我們回到客廳，我稍早在那裡點了火。珍珠已經筋疲力盡，但堅持等到晚上才肯上床睡覺。她白天都在屋裡爐火旁邊的小長沙發上。我調整枕頭，在她身上放條可愛的大毯子，讓她感覺舒服。就跟珍珠和她的家一樣，毯子也是豐富多彩。整個房間鋪滿了爐火發出的美麗光芒，讓人感覺很舒適。當她安頓好了，狗兒跳上去依偎著她。

「不過，錢關係到的大部分是用意，」她說。我拉了把椅子靠近她，繼續聽她分享。「用意尊貴時，錢最容易流進來。我們能夠為計畫找到資金，是因為它是為別人好。當然，我們也從中受惠，做了我們所喜愛的事，不僅賺錢，還享受了生活有目的感。」

她聰明又有智慧，並且樂於分享她的想法。我想像著即使她沒有不久人世，我們的思想仍會產生共鳴。珍珠繼續說，她以家長為例，說他們總是不相信自己的價值，而他們養育出快樂孩子的意圖，又如何是人類能對社會做出的最大貢獻之一，這種意圖孕育了良好的成人。她討厭聽任何母親說她們只是個媽媽，因為這是最重要的事情以及真正有目的的工作。相同的價值甚至也適用於整理自家庭院的人，因為他們頌揚了大地的美麗。

「尋找生命的目的，一直是最重要的事情之一。」珍珠繼續說：「在某些方面，我希望我沒有把那些年全都浪費在一份愉快但對我真實的生命志業意義非常小的工作上，那個生命志業是我透過那個計畫發現的。不過，是那份愉快的工作把我帶到我的人生使命上的，因為是那裡的一個客戶幫助我找到人生變化的道路。要弄清楚你想做什麼工作可以花上好多年，而我也真的花了好多年。但等待到那時的滿意，將會使任何人都覺得早先的搜索是值得的。」

我也經歷過尋找讓自己滿意的工作的掙扎，我同意這的確是值得的。我與這位美麗的女人和三隻甜美的狗坐在爐火邊，心中非常感謝能夠把這份工作稱作我的工作。我告訴珍珠這一點，她微笑著同意。

「如果要說我有任何遺憾，布朗妮，就是我但願自己沒有花這麼多年在一份平常的工作上。人生苦短，我從失去家人知道這一點，但有時候，我們會長時間放任某件事，卻一直沒有採取行動，真是不幸。我可以後悔的，但我不要。我寧願要輕柔，原諒自己沒能早點離開那個工作，沒能早點清楚看到路標。」

我同意寬恕自己比遺憾要健康得多，告訴珍珠我從客戶身上學到多少東西。她笑著說：「那是對的，你沒有任何藉口。你不能到臨終前才說你希望做好了，取而代之祝福你的，將是我們所有的錯誤。」

我大笑贊同她的意見，但我可以見到，現在說話也讓珍珠筋疲力盡，她也同意。於是，我讓她很舒服地躺下，看看沒問題了，便拉上簾子，讓她在火光中休息。站在門口看著她和三隻狗兒一會兒，一滴淚水緩緩從我的臉頰滾落下來。

雖然我還在學習實現我真正的價值，但我不勝感激，我現在至少有了份與心相關的工作。我微笑著往廚房走去，泡了杯印度香草茶，享受著平靜，而珍珠已睡去。那是個靜謐的下午，整個社區沒什麼聲音，不過外面吵不吵都沒有區別，這裡是個平靜的家，無論在音量上還是能量上。

我和珍珠又共處了幾個星期，但她一天一天衰弱下去，直到最後承認連起床都太難了。她認為已充分享用她的家，要我把留在那裡剩下的時間代替她繼續享用，我微笑著說不要擔心，但我更欣賞的是珍珠，遠遠超過她可愛的家。

朋友們陸續來道別，包括她在社區計畫中共事的人。他們談到她如何改變了他們的生活，她的工作又如何留下永恆的足跡，幫助了許多人。不過，生命要有目的並不一定需要不得了的工作。

有些人能夠幫助成千上萬的人，有些人可能只幫助一個或兩個人，無論哪種情形，他們的工作是同等重要的。**我們每個人都有生命目的，而努力尋找那個目的，對所有人都有好處**。當然，它也可以幫助我們每一個人。那麼，工作不再是工作，而是如珍珠所說的，是我們對自己滿意的延伸。

當我在珍珠逝世當天把門在身後關好，任滿天美麗的冬日陽光灑在花園四周。我停下來，做個深呼吸，歡迎冬日陽光照耀著我的臉。在我多年於銀行界的搜索裡，存在的只有我找到我喜愛的工作的意向。

在冬天的陽光裡，我微笑著想念珍珠，想著她是怎麼美妙的人。我確實找到了我愛的工作，為此我感覺受到了祝福。離開她的前院花園花了我好一些時間，迷失在我的念頭和感恩中，以及默默把愛傳給珍珠。我面帶微笑，我這份工作真要感謝她哩。

09

查理

簡單

每當我生活在不用那些物品的生命篇章時，
我都會想起，
我是多麼不需要任何那些物品來讓自己快樂。
我會問我到底為什麼要保有那些東西。

不難理解，臨終病患家屬在客戶的最後幾星期也遭受巨大的苦痛。大多數家屬的一般年齡範圍在四十出頭到將近六十，大多數有自己的孩子。

人們不僅沒有準備好處理浮現出來的眾多強烈情感，而且變得極度恐懼而脆弱，家屬往往更是如此。客戶在離開世間之前，大多找到了平靜，但孩子往往有情緒，而且完全失控，任由畏懼和恐慌宰制。

在客戶家中工作，讓我接觸到眾多家庭的生活風格和動力形態。這教導了我，幾乎所有家庭都在某方面有挑戰，都有待療癒之處，都有彼此學習的地方。有些家庭甚至沒有完全意識到每個人負責點燃的開關，但這些開關確實存在，當我聽到有誰對兄弟姊妹不耐煩或生氣的時候，我會尊重地試著抽身，盡可能嘗試用慈悲的眼光觀看他們的情況。

此時，控制問題也是最重要的。往往有一個兄弟姊妹想要控制一切：家裡如何運轉、購物清單、照護老小病人、即將到來的葬禮等一切。觀看這種權力的展示，或者爭權的展示，很令人心碎，因為它是如此由恐懼所驅動。

不過，客戶的幸福是我的首要考量，絕對超過其他一切。所以，當我聽到尖叫比賽在查理的床上開始並愈演愈烈，我瞬間便進了房間。我可愛的客戶躺在成年子女葛列格和瑪麗安下方，他們拚命地隔床向對方尖叫，完全失控。

「夠了，求求你們，」我堅定但輕柔地表示，「如果你們必須繼續吵，到別的房間去吵。看看你們爸爸，老天爺，他沒剩多少時間了。」

瑪麗安淚流滿面，向她父親道歉。查理顯然一直是個平靜的人。

「他一直找我麻煩。」她說她的弟弟。瑪麗安有著美麗的藍眼睛和一頭長黑髮，我心想應該是個藝術家的典型。但她的眼睛哭紅了，如此悲傷。

葛列格毫不退讓，立即憤怒地還以顏色。「嗯，我看不出妳在遺囑裡面為什麼應該跟我得的一樣多。妳搬走了，妳付出的比較少，我做得比較努力，媽媽走了以後我照顧爸爸最多。」

我為葛列格和這個推論心痛。這些話底下藏著的只是一個脆弱、受傷的小男孩。我可以在他們兩個身上都見到他們父親的身影，但我想葛列格看起來一定也像他媽媽，他的頭髮是棕色的，皮膚比姐姐還白。不過他沒在哭，他氣得七竅生煙。

他盯著查理等待指示，查理對我聳聳肩，藍色的大眼睛憂傷地看著我，於是我帶領他們走出去說：「我想如果你們兩位現在都走出房間最好，這樣不會有任何幫助，尤其是你們老爸。」我們泡好茶，坐在廚房裡，聽他們講。瑪麗安沒有那麼多要說的，當我問她為什麼，她說，不值得這樣麻煩。不過，在他們你來我往的傷害話語底下，我仍然見得到愛。回想起誠實如何開始修復我自己的家庭狀況，我鼓勵他們說話。

例如，我與父親的關係曾經非常緊張，令我很痛苦。但是，有了誠實、慈悲和時間，傷口已完美癒合。我們現在享受一份彼此非常尊重、幽默而忠實的友誼。這是我之前無法想像的，但任何家庭關係都是可以治癒的，如果愛還在，而雙方都願意的話，我們的情形就是如此。葛列格和瑪麗安之間顯然還有愛，互相了解的嚮往也一樣存在。一切只是被痛苦所扭曲了。

他倆吐露各自的不滿後，我問他們彼此喜歡對方什麼。「什麼都不喜歡。」葛列格粗聲回答。我用幽默讓情況淡定，不久，他想起幾件事情。瑪麗安同樣講了幾件事情。他們的自尊心正與此對抗，特別是葛列格，因為他想恨她。驅使我提這些東西的，是當我想起自己的某些家人時，這麼做曾經對我有效。在我跟他們的關係最痛苦的那些年裡，我努力去想他們讓我喜歡或喜愛的地方。我一開始和葛列格一樣，挖空心思找些什麼東西出來。但是，說話的只是我的痛苦，讓我見不到他們的優點。當我放下那種心理，我看到即使我們的差異可能使我們再也無法分享特別密切的聯繫，但他們都是體面而善良的人。

我能記得他們以前好心做過的事情，雖然其中一些事後來不幸地用來對付我，但最初的用意是為我好。我現在也可以辨認出一些場合，其實是他們試圖以個人的方式向我表達愛，但我已經受傷太深，以致我指責了他們的愛，把它推開。不過，在任何誤解底下，他們都是美麗的人，正如每個人都被覆蓋在他最好的自我底下。所以今天，輪到葛列格和瑪麗安努力解決他們的一些分歧。

原來，葛列格對妹妹不滿已經幾十年了，只是因為她有勇氣去過老天引導她去過的生活，她想要的生活。促使葛列格沒有為自己這麼做的並非瑪麗安，而是葛列格自己。那天下午一大堆情緒噴湧出來，而雖然那天結束前他們稱不上是最好的朋友，但比一開始當然大有進步。他倆接著各陪了查理一會，然後才離去。接下來，就只剩下查理和我了。

他們離去後，查理走回房間，看著我搖搖頭，輕輕笑著。「唉，我親愛的姑娘，那個場面醞釀到現在大概二十年了。我一直想知道，火山什麼時候會爆發，」他咯咯笑。「我很高興在我走之前發生了，也許我終究會看到他們變成朋友。」

查理告訴我，他們小時候如何非常親密，葛列格一直照顧妹妹，而她總把他當偶像看。不過，當她成為獨立思考的青少女後，他們便開始戰鬥了，再也沒有找回他們之間的親密。

「不過布朗妮，我擔心的不是瑪麗安，她比較快樂。讓我擔心的是葛列格，他從來沒停止過努力證明自己。他說他總是比瑪麗安為我做的多，這麼說在某些方面是正確的，可是她也以其他不太明顯的方式幫了很多忙。但是他其實不必幫的，大部分時間，他是在做我仍然可以自己做的事情，這些事也是我真正喜歡做的。」查理嘆了口氣，繼續說：「他在他厭恨的工作花的時間長得荒謬，養育出從來不看他的孩子，我真的不知道為什麼這樣。」

「他知道你愛他嗎，查理？」我放膽問。他困惑地看著我。

「嗯，我想知道吧。如果他做得很好，我總是會講出來。他知道我為他感到驕傲。」

「他怎麼知道？你曾經直接告訴過他，你以他天生的樣子為傲嗎？而不是以他所做的工作為傲？」我問。

他停頓了一下。「沒有直接說，沒有。但他知道。」查理回答。

「怎麼知道？」我堅持。

查理笑了。「妳這該死的女人。妳非得追根究柢，對不對？」

我大笑著和查理分享我的想法。他恭恭敬敬、心胸開放地聆聽。我想知道，他說葛列格總是努力證明自己，會不會實際上是由於他在尋求父親的愛和認可。我為查理淋浴，然後讓他坐上輪椅把他推回床上，談話一路繼續著。他總是喜歡在下午沖個澡，但這樣已經開始讓他力氣用盡了，用不了多久，就只能洗床浴了。他的呼吸狀況很糟糕，一旦倒在床上，呼吸要恢復正常得花一些時間。他一天比一天虛弱，所以我離開讓他休息。

幾個小時後，我把頭探回房間，查理轉過身來對我微笑。於是我坐在床邊，幫助他喝點東西，問他需不需要什麼。他搖搖頭，繼續談他的孩子。「我只想要他們高興，天下父母都如此希望。我希望葛列格讓他的生活更簡單點，不要再這麼努力工作。他是個好人，可是他不快樂，」他告訴我。「簡單的生活就是幸福的生活，他們的母親和我就是這麼生活的。不過我們並不真的有選擇，那時生活很艱困。但今天生活簡單還是可能的，這是不錯的選擇。」

在查理房間壁爐上的中間位置，掛著一張查理瀟灑年輕的相片，站在他的新娘旁邊，我想著他和妻子把葛列格和瑪麗安從嬰兒養育成人的過去。查理說話很直爽，我喜歡他那樣，他的誠實有種非常老式的感覺。他繼續分享他腦袋裡隨時出現的東西，把它們大聲講出來。「妳知道，我不認為他真的知道我愛他。我從來沒有把這話清清楚楚說出來。」

「我們都是不同的人，查理，」我說。「有些人透過行動會知道，但是大多數人需要確實聽到，葛列格也許是這種人。你跟他講會有什麼傷害嗎？」

他點點頭。「我是必須告訴他。當一個七十八歲的老男人跟兒子說愛他時竟會這麼緊張，妳看看我們是生活在一個多麼可怕的世界。我沒有練習過這個，妳知道吧。」他笑道。但嚴肅籠罩上他的臉，我清楚見到一個明確的決定形成了，那份決心很明顯。查理繼續問：「妳覺得，如果他不再尋求我的認可，如果他知道我愛他，我可能說服他過比較簡單的生活嗎？我是真的愛他。」

我對查理說，沒有人能決定另一個人將如何反應，這樣做不能保證會改變葛列格的生活方式；重要的是，這很可能讓他知道他有爸爸的愛和認可，因此帶給他更多的平靜。

隨著日子過去，簡單生活的主題對查理更形重要。他說，人們為了種種原因工作得太辛苦，他們往往認為自己沒有選擇，因為他們擺脫不了帳單和供養家庭這些例行公事。查理理解這一點，他同意，生存對許多人來說是真正的挑戰，但也堅持永遠會有選擇。「這有時是改變你的觀點的問題。難道我們真的需要住在這麼大的房子嗎？我們需要這樣一輛華而不實的車嗎？」他問。

查理解釋說，社區也是把生活簡化的工具之一。如果整個社區一起努力，便不需要那樣多的資源，浪費會減少，我們也可學會互相幫助。他說，自私和驕傲阻止了許多社區形成或發展。但是，如果我們要更有資源、更簡單地生活的話，開始了解我們所居住區域社區的重要性和需求，便十分重要。他感到哀傷的是，時代改變得這麼快，變得這麼不平衡，以致我們忘記了這回事。

查理養育了自己的家庭，所以他理解生存的壓力和供養一個家庭是怎麼回事。但他即將告別人世，現在會從不同的角度看事情，極度希望能夠早點體認到這一切，好以不同的方式引導葛列格。

「孩子們與父母在一起的時間多一些，會比有更多玩具要高興。他們起初可能會抱怨，但最快樂的孩子是那些與父母有高品質共處時間的孩子，如果可能的話，父母都參加最好。年輕的男孩需要更多男性的影響，如果葛列格為了努力證明自己一直在工作，他的兒子怎麼能得到和他相處的時間呢？」查理坐著，一副若有所思的樣子，我看到了新的見解在他心裡生根了。

「我的確愛我的兒子。我必須告訴他，對不對？」

我愉快地點了點頭。然後，他突然問：「妳的生活簡單嗎？」我輕輕地笑了。

「是的，我的物質生活相當簡單，查理。我還在簡化我的感情生活，一次走一步。」我老實說。心裡想到我近年來感情生活的複雜，忍不住笑了笑，我的感情實在太不簡單了。「冥想帶給我極大的幫助，簡化了我的思想。我一輩子都從冥想獲益，它真正改造了我，讓我通過很多以前會絆住我的東西。所以這些日子以來，我的思想簡單得多。並且，我的物質生活也是非常簡單的。」

查理來自不同的世代，生活方式不一樣，所以對靜坐冥想一無所知，只知道海外有些穿橙色長袍的人會閉著眼睛打坐。他問我那是什麼，我盡可能簡單地解釋，告訴查理，透過學習集中心思，我們會變得比較能夠觀察自己的思想。從而可以清楚看出，生活是如何由心猿意馬的腦袋所形塑，製造了不必要的痛苦和恐懼。我們是智慧、直觀的存在，但已被我們的心多年來透過其所有正負面反應所創造的恐懼和誤解所蒙蔽。因此，藉著學習冥想集中我們的心識。

查理坐在那裡說不出話來，盯著我看。我微笑著等待。「哇，」他最後說。「為什麼我沒有在五十年前遇見妳呢？」我笑著跳起來，讓他再啜一口飲料。

「為什麼我也不在多年前遇見我呢，查理？」我笑著。「這有可能免除我很多的痛苦！」

我們繼續談，話題終於轉到他問我，我的物質生活如何簡單，而我的意思是什麼。我告訴他，經過多年搬家，我開始質疑財物的重要性。有幾次搬家，我的家具跟我一起走；又有些時候，家具或者免費存放在我家農場，或者放在一個棚子裡，我得付錢。每當我生活在不用那些物品的生命篇章時，我都會想起，我是多麼不需要任何那些物品來讓自己快樂。我會問我到底為什麼要保有那些東西。

所以我把家具賣掉，把我的家當減少到只剩家居用品，讓我在時間到時能夠再在其他地方另起爐灶。而這個時候一定會再來，因為我總是喜愛有自己的廚房空間。漂蕩適合我，那種生活有很大的自由，但即使自由也有它的價格，什麼東西都有一個價格。懷念自己的廚房經常是讓我想再安定下來一段時間的因素。

然而，安定下來一年到一年半後，我會再次懷念跳出樊籠躍入未知的興奮，於是一切重頭再來一遍。擁有東西會讓我感覺非常遲滯，所以，認識自己的模式，我這些年來接受了如果我根本不擁有什麼多餘的東西，實際上會更好。每次我重新開始，家具很容易就來了，可能是透過口傳、二手商店或者庭院舊物出售。我喜歡那樣。購買二手的東西，也對我愛地球有幫助，因為這樣不會向地球要求更多的資源。

就這樣，我最後總會擁有些迷人的東西，創造一個全新的家。我從來沒有想過我會缺乏家具。結果，家具總是會來，而且來得很容易。多年來，我曾經擁有一些華麗的家具，如果每次我定下來，家具都會這麼自然地來到，那麼其他一切也肯定如此。

我為財物支付了前面十二個月的保管費後，認定這是在浪費金錢，也是我不需要的累贅。因此，在一位美好而可靠的朋友幫助下，我們在他的住處辦了個車庫特賣會。餐具、書籍、地毯、床單、裝飾品、畫，所有東西都拿去展售。這是如此有趣的時光，看著興奮的顧客把我的東西變成他們的新財產、討價還價。剩下的東西那天下午全都送到慈善商店了。

現在我開一輛鞋盒大小的車，吉普車差不多一年前在一條六線道的高速公路上光榮退休。目前的汽車在城市裡雖然令人難以置信地經濟和便利，但是很小。它的暱稱是「稻米泡泡」。所以，車庫特賣會的用意是此後不再擁有放不進稻米泡泡的東西了。

總共剩下五箱東西。兩箱裝了我最喜歡的書。我只保留了那些我會再讀的書，或者我會借或送給別人啟發他靈感的書。其餘的書都已易手，讓別人在別處再次享受。其餘的箱子裝了光碟、期刊、相冊、一些情意綿綿的小東西、我母親為我拼縫的被子，還有我的衣服。然後我把稻米泡泡塞得滿滿的，打開立體音響，駛往我生命的另一個時期。大約千里之遙，我把車停在我家的牧場，卸下箱子。此後，就只剩我的衣服和姑娘一人啦。

查理高興地聽著我的故事，一邊搓著他那雙歲月熬粗的老手。然後我跟他分享，我如何在那次旅行後，漂蕩了一段時間。現在我人在雪梨，經歷著非凡的看房子保母的人生，確實，我的物質生活是很簡單的。於是他知道我明白了他想說的簡單很重要是怎麼回事。我們一致認為，人們並不總是明顯地知道，擁有多餘的財物會如何把他們拖住，縱使他們沒有搬家的打算。清除多餘的物品，總會讓一個人內心更為寬敞。

葛列格隔天也來了，所有時間都跟他父親在一起。應查理的要求，我打過電話給瑪麗安，要她今天別過來。明天再換過來：瑪麗安將全程陪伴父親，而葛列格不會出現。查理交代我適時不著痕跡地出現一下，以防他和葛列格之間出現尷尬時，我在場或許會有幫助。但沒有必要，我走進去的那幾次，提壺茶、傳訊息，很明顯的可以看出重要的私人討論和交流已在進行。

葛列格準備要離開，讓他爸爸休息前不久，他們把我叫進去，葛列格的眼睛哭得紅腫，他們握著彼此的手。

「布朗妮，我只是想讓妳也知道，」查理宣布。「我全心愛這個人。他是個好兒子，是個偉大的人。」

我聽到這話差點哭了。

「我的兒子做得夠好了，」查理說。「他沒有什麼好證明的了，也沒有什麼必須去做或擁有，好成為一個更好的人了。我完全喜歡坐在這裡的這個人，而做他的父親是我的人生一大快事。」

我大笑著說，葛列格能有查理當他的父親也是福氣，葛列格同意我的話，用袖子擦拭他的眼淚。「爸爸覺得我還可以向妳學習一兩件關於簡單的事。」他對我說。

我笑著回答說，他的父親還有足夠的時間親自把這事教給葛列格。他並不需要我代勞。但我微笑著給他臨別贈言說：「不過我要加的就只是『保持簡單』。」

瑪麗安第二天來看父親，我也聽到父女倆又哭又笑。這家人正在分享很多的愛，我也受到積極的影響。在接下來幾週內，他們三人花了很多時間相處，並且變得更親近。每次查理和他們道別時，我都聽到他對他們兩個一一說他愛他們，而他倆也回說相同的話。溝通的管道在查理還活著時及時打開了，傷口的療癒也開始了。

在他逝世的那天，葛列格和瑪麗安坐著各握著父親的一隻手。應他們的要求，我也坐在房間裡，看著他不知不覺地平靜離去，他的呼吸愈來愈慢，直到完全停止。那是個晴朗的早晨，鳥兒和平常一樣繼續在窗外唱歌，我想這真是如此美好，牠們在唱歌送他。

我把葛列格和瑪麗安留在房裡，到外面的陽台上坐一會兒，享受我對查理的回憶，為他祈禱，祝福他一路好走，不論他現在在哪裡。當我再回到房裡時，葛列格和瑪麗安坐在床的同一側，握著手看著他們的父親，笑聲中夾著淚水，喜悅地談論著他。

大約一年後，我收到一封葛列格的電子郵件。他們一家人已經賣掉大房子，他接受公司職務調整，賺的錢比較少，但現在住在一個小鄉鎮。他通車上班，距離和以前一樣，但現在是從郊外進城，所花的時間不到他以前通勤時間的一半，每天給了他額外的一個半小時與孩子相處。生活費用也因為生活變得更簡單了而減少，現在，他們的生活品質已大大改善。他的妻子也很高興，他們都愛他們的新朋友和生活方式。他感謝我照顧他們的父親，提到瑪麗安也充滿愛意，顯然她才去探望過他們。

可以理解地，這封電子郵件帶給我很多喜悅。它把我帶回對查理的記憶，他的藍眼睛，令人愉快的笑容，還有我們分享的對話。知道他的話不僅讓人聽到了，而且還加以應用，也是一種美妙的感受。

不過，這封電子郵件最棒的地方是葛列格的署名。他祝福我生活愉快後，用四個小字做了總結，讓我笑開來。

保持簡單。

的確如此，葛列格和查理。的確。

10

約瑟夫

我希望能勇於表達自己的感受

我開始懷疑為什麼我們如此害怕公開和誠實。
當然，這是為了避免誠實所可能帶來的疼痛，
但是，我們創造的那些牆會阻止其他人
了解我們真正的自己，帶給他們痛苦。

就一個時日無多的九十四歲老者而言，約瑟夫在我們第一次見面時看起來非常好。他人很溫和，可愛的微笑讓他看上去有時像個小男孩。他的幽默感安靜但非常敏銳，立刻讓我感到溫暖。

約瑟夫的家人決定隱瞞他，我發現這很難做到，但盡可能試著尊重他們的決定。然而，在接下來的幾個星期中，他的病情急遽惡化，不可能意識不到自己的情況。自行站立成為過去式，每過一天，他就愈來愈依靠我的力量，他的病情是不待特別指出的。每次他試圖起身或坐下，情況都很明顯，而每努力一次，我們便默默心裡有數一次。

所以，當他家人繼續打啞謎，不告訴他已行將就木，約瑟夫自己可是愈來愈清楚，他確實已經病入膏肓。

醫師盡可能用藥物減輕他的痛苦。但如同許多人的情況，藥物的副作用阻塞了腸道。然後又用藥治腸道，但對約瑟夫沒什麼用。所以我被要求幫助他排便，把藥品插入他的直腸，可憐的老傢伙，一旦你病成這樣，便不再有隱私了，更別提什麼尊嚴，不然你看看約瑟夫側臥，讓我把小管插入他身體的情況。我當然努力故作輕鬆，而我講的話，是後來時常對別人說的話。

「一切都從食物和便便開始，約瑟夫，一切也都以食物和便便結束。」我輕聲地跟他開玩笑。與臨終人共處，的確讓我直視生命週期。一開始讓嬰兒最舒適的東西是食物、排泄與放屁；

在生命的盡頭，大家問垂死者的問題，也是他們還吃不吃東西，他們排泄還正不正常。

當有人即將死去，天天吃強效止痛藥時，終於處理好排便，緩和了這另一種疼痛，對每個人都是解脫。約瑟夫衝向廁所後不久，屁股享受了大解放，他和家人就此感到解脫了。當然，這也給我帶來慰藉，不僅因為我的客戶更舒適，也因為在我生平首次嘗試做這事時，順利成功了。

他有一個兒子住在附近的郊區，每天來探病，另一個住在別州。他的女兒則在海外。每天約瑟夫和他的兒子會聊一會兒，大多是有關報紙商業版的內容，直到約瑟夫疲累為止，這要不了多少時間，因為他的健康狀況惡化得如此之快。我喜歡他兒子，雖然不覺得跟他有很強的聯繫。不過，我沒有理由不喜歡他。

當我後來對約瑟夫提，他的兒子是個好人，他回答說：「他只對我的錢感興趣。」但我比較喜歡依自己的印象看待人，所以我努力不讓這個評論影響我對他兒子的看法。

約瑟夫和我很容易就交上了朋友，其他主題的故事自然流出。我們有類似的幽默感，性情也相當安靜，所以我們很喜歡彼此。我們對話不斷，一天比一天講得多，代溝幾乎沒造成什麼影響。

我在時，女主人吉瑟拉會不斷拿食物進來，鼓勵約瑟夫吃，她是很棒的廚師，但雖然他幾乎什麼都不能吃了，她還是煮了很多。這有一部分可能是習慣，但有一部分是否認。

這家人不知如何說服了約瑟夫的醫生，隱瞞他已不久人世的真相。那是全面性的否認。

但全家人不僅不告訴他病情以及必然的惡化，還努力說服他正在好轉。「來吧，約瑟夫，都吃了吧。你馬上就會好了。」吉瑟拉會反覆說。我的心也支持她，害怕真相對她一定是巨大的負擔。

這時，約瑟夫一天只吃一罐優酪乳，虛弱得令人難以置信，甚至有人協助都無法步行到客廳，但他們仍然告訴他，馬上就會好了。在這個話題上，我一直保持沉默，直到約瑟夫直接問我為止。

當吉瑟拉剛離開房間，約瑟夫靠床坐著，我幫他做腳底按摩，這是他從來沒有過的經驗，但這幾週以來，已經習以為常地開開心心接受伺候。我喜愛呵護客戶，也許這就是為什麼我們會變得親近的原因，我與他們的交談，很多都是在我為他們按摩腳、梳頭髮、刮背或者修指甲的時候。

「我要死了，是不是，布朗妮？」她走出房間後，他問。

我親切地看著他，點了點頭。「是的，約瑟夫，你是要走了。」

他點點頭，聽到真相讓他鬆了口氣。我經過與史特拉一家的經驗後，再也沒有辦法不誠實。

他望向窗外一段時間，腳底按摩在舒適的沉默中繼續。

「謝謝妳。謝謝妳告訴我真相。」他終於用濃重的口音回答。我輕輕一笑，點了點頭。沉默流連了片刻，然後，他再說：「他們就是沒法處理這件事，」他說他的家人。「吉瑟拉沒辦法面對跟我談這件事的痛苦。她會過得去的，她只是沒辦法談。」

他知道真相後平靜了，而我保持誠實也平靜了。他繼續說：「我沒多少時間了，對不對？」

「我想是這樣，約瑟夫。」

「幾星期？幾個月？」他質疑。

「我真的不知道，但我猜只有幾星期或幾天，那是我的感覺，但我真的不知道。」我誠實地告訴他，他點點頭，再次望向窗外。

很少有人能真正準確地預測什麼時候會走，除非那個人顯然是在他的最後幾天了。但客戶和他家人總是會問這個問題，有時問了一遍又一遍。現在，我開始估量人衰退的情況，也看到了事情改變的速度可以有多快。客戶最後出院回家前，往往會出現短暫的復原。我能扮演好看護的角色，來自我能憑直覺工作，在那樣的基礎上，我回答了約瑟夫的問題，即使我做得有點勉強。我只是不想勉強。我只是不想撒謊。

足部按摩結束了，我坐著望向窗外。一段時間後，他打破了沉默。「我希望我沒有工作得這麼辛苦。」我等待著，讓他繼續講。「我熱愛工作，我真的很喜歡它。這就是為什麼我這麼努力的原因，還有照顧我的家人和他們的家人。」

「嗯，那麼這是件美好的事。那為什麼後悔呢？」

他解釋說，他的遺憾部分是為他家人，他們在澳洲大部分的生活很少見到他，但這主要是因為他覺得他從來沒有給他們機會認識他。「我當時太害怕了，沒辦法讓我的感情流露。所以，我投入工作，和家人保持距離。他們不應該這麼孤獨的。現在，我但願他們真正了解我。」

約瑟夫說，他直到最近幾年才真正了解自己，所以他質疑，他們如何可能有機會了解他。

我們談他家關係的模式，以及打破那些模式是多麼困難時，他可愛的眼睛流露出哀傷的眼神。我們還討論了讓一個關係發展到它最大的潛力是多麼必要。

他也感覺，他已錯過了與孩子們創造出溫暖親情的機會。他立下的唯一榜樣是如何賺取和看重金錢。「現在這點還有什麼意義呢？」他嘆了口氣。

「嗯，」我努力推論。「你已經做了你打算做的，你留給了他們舒適的生活，你也如你所想的照顧了他們。」

一行孤獨的眼淚順著他的臉頰滴下。「但他們不認識我，他們不了解我，」我關愛地看著他。「而我希望他們了解。」他說，淚水撲簌簌而下。我沉默地坐著陪他。

過了一會兒，我提說現在還為時不晚。但他不同意，他已經太脆弱，沒辦法長時間講話，單是這樣就足以使事情難以進行了。他也承認，不知道如何與他們講感情這麼深刻的話。所以，我提議找來吉瑟拉和他的兒子，讓他們加進當前的談話，說有我在場可能容易一點。但他搖搖頭，擦乾了眼淚。「不用了，太晚了。我們不要告訴他們我知道了。他們保持目前的想法比較容易。我知道我要死了，沒關係。」

約瑟夫的年齡接近我親愛的外婆過世時的年齡，雖然他們兩人的生活大不相同，但我與高齡者在一起還滿自在的。不過，外婆和我談起死亡可輕鬆得多。她說，跟我談比跟她的孩子談要容易。

她和她的孿生兄弟是十一個孩子中的老大，外婆母親去世時，她只有十三歲，她把所有其他的孩子撫養成人。她的父親是一個「硬心人」，用她的說法。她有時也稱他作「雜種」。他提供食物，但幾乎沒有別的，尤其是愛，她說。

她母親去世後一年多，她的兄弟姊妹中最小的也去世了，她叫做夏洛特。外婆養大了所有弟妹後，繼續撫養七個自己的孩子，包括我母親在內。當我帶著一頭深色鬈髮和好奇的大眼睛生下來時，外婆在我身上看到夏洛特的影子。因此，從我生下第一天，我們就享有緊密的聯繫。

當外婆來看望我們時，我們都興奮不已，孩子們喜歡訪客，我們沒有什麼不同。外婆身高不過五英尺，但是位很有活力、了不起的女人。她始終保持良好教養。她給我的愛是無條件的，完全接受我。

我那時就快十三歲了，正在修道院念高一。學校隱藏在十英尺厚的雙磚牆後，由修女經營，她們有些和藹可親。不過，教務長可是位鐵娘子，享有並不怎麼親切的外號：「鐵面師太」。高年級的學姊一開始就警告我們離她遠一點。

雖然當時我已是個大孩子，不會受那樣的傳聞影響，但我認為，在那強硬的外表下，她可能是個可愛的女人。反正我想要那樣相信。但她要求紀律嚴明，我那些年從未看過她的笑容。

在高一，我的生命顯然想要追求新嘗試，於是發現自己和班上兩個最桀驁不馴的女孩混了一陣子。我是師長眼中很不錯的孩子，在此之前很少受到教務長注意，這對我滿好的。

我們曾在午休時爬上樹，偷偷越過圍牆，跑進城裡，走進一家商店，在那裡我們每個人偷了一副上面有我們名字縮寫的耳環。由於輕易就得手了，讓我們獲得信心，然後進軍下一家商店，偷了些唇彩。

正當我抿著甜味四溢的嘴唇，大笑這貨色有多好，忽然感覺肩膀上有隻大手，一個聲音響起，「拿給我，謝謝。」

我兩腿幾乎因恐懼而癱瘓，跟另一個女孩被領進商店經理的辦公室，另外一個女孩跑走了。他們打電話給教務長，在我們卑屈地回校時她早等著我們了，她握著長尺敲手，堅定地說：「進我辦公室。」

「是，修女。」我們一致謙卑地說。如果我們有尾巴，那時一定已經夾在雙腿之間了。商店和學校達成的協議是不要求付款，但我們必須回家自己告訴父母，我們做了些什麼。然後，家長得打電話給教務長，證實我們已經告知他們。

那時媽媽在海外，爸爸週末在家，把我嚇壞了。由於我是個敏感、溫和的孩子，很害怕大嗓門的人，但外婆也在，所以我把她拉到一邊，顫抖著下唇告訴她我做了什麼。她坐在那裡聽，不打斷我，也不做反應，等到我講完，那時我已快把眼睛哭出來了。

「好了，妳還會做這種事嗎？」外婆問道。

「不會，外婆，我發誓。」我鄭重說道。

「妳學到教訓了嗎？」

我向她保證，「有，外婆，我學到了，我不會再做了。」

「好，」她最後說，「嗯，我們不要告訴妳父親，我明天會打電話給學校。」

就是這樣。感謝外婆。但我從那件事本身經歷的恐懼是如此巨大，以致我不但再也不敢在商店偷東西，甚至再也無法踏進那家商店。

幾年後，當高中畢業，我離開我長大的城鎮。我等不及要展翅高飛，立刻接受了別人介紹的第一份工作，在五個小時路程外、城裡外婆住處附近的一家銀行上班，所以和我的外婆還有阿姨住在一起是最實際的選擇。

那時我十八歲，剛離開農場和修道院的學習生活，我對新事物很開放毫不奇怪。當母親那年猜到我不再是處女時，她被嚇壞了，幾乎要和我斷絕關係，無法相信我這麼一個有常識的好女孩，會這麼容易動搖。這回又是靠外婆把事情搞定的，她告訴我媽媽放開心懷，因為時代改變了，而我仍然以我自己的方式當個好女孩。從那時起，我與這兩位精彩的女人都保持密切聯繫。

外婆活得比她所有的兄弟姊妹都長，這讓她頗為傷心，因為他們就像她的孩子。不管我住哪裡，我們都會寫信給對方，並好像打開的書一樣分享各自的生活。我分享了她失去最後一個妹妹的悲傷，以及她日漸年老、逐漸失去獨立能力的挫折感。眼見她一年比一年遲滯，我也很難過，因為我必須面對她不會永遠在附近的事實。

我發現我們講話時，我開始很難忍住眼淚，於是我告訴她我有多麼愛她，她的大限來時，我會多麼想念她。此後，我們便能夠坦率地談論死亡了。我很高興我們這麼做了，我們不拒絕面對未來會發生的事，享受我們每次的談話，而她也能跟我分享她對死亡的想法。這些，在外婆離世前好多年就已經準備好了。

我從幾年海外的生活回來時，迫不及待要見她。變化很巨大，她頭髮完全白了，走路拄根拐杖，人也縮得更小。外婆變成老老太太，她九十好幾，但仍然是那位我所認識的出色女人。她的頭腦很清楚，我們的談話也令人滿意地又持續了一年左右。

某個星期一我接到電話，當時我正在做最後一份銀行工作，管理當地的分行。外婆前晚去世了，在睡夢中安詳離去。立時，我的世界在腳下崩落，我關上辦公室的門，頓失依怙的我，把頭埋進胳膊中，伏在桌上啜泣著向我心愛的、親愛的外婆告別。

我早早下班，淚眼矇矓，傷心到沒辦法思考。我走到郵箱邊停住，半麻木地翻信件和帳單，突然驚奇地停下來。郵件當中有張外婆寄來的小卡片，她星期五寄出，星期日晚上就在睡夢中自然去世。悲喜交加的淚水如洪水般湧出，我把卡片放在胸口，一邊哭泣，同時又忍不住大笑。

我很感謝我們有這樣的交情，以及和她真誠地談了死亡。沒有什麼沒說出口的了，她知道我愛她，我也知道她愛我，當我讀著她寫下的美好話語，更是讓我感覺如此。

「我親愛的，我愛妳。我老是想著妳。妮妮，願陽光在所有的日子都跟著妳。愛妳，外婆。」

想到她有天會死，在她離開前就讓我流淚，我事後當然也哭了，但是也有平靜，因為知道我們已誠實而開放地面對了不可避免地會發生在每個人身上的事。那份平靜仍然跟著我。她的臉從我辦公桌上的相框對我微笑，這些年來，雖然有時我會深深地懷念她，但我毫不懷疑，誠實給了我們如此特殊而積極的關係，以致這份關係繼續以最好的方式在塑造我。

不過這對我親愛的客戶約瑟夫不是那麼容易，誠實現在對他和他的家人太痛苦了。他的痛苦和無奈，牽引著我的心。我仍然厭恨想像這個親愛的人這輩子經歷過什麼。

吉瑟拉繼續捧著大量的飯菜進來，鼓勵約瑟夫吃光。他會對她輕輕一笑，每次都推辭。其他看護會在晚上進來，但我是白天的主要看護，我們彼此了解，對他來說比較舒適和方便，尤其現在，他已經能夠放開心來，至少對我是如此。

所以，當我得知有人要取代我，心中既驚訝又悲傷。約瑟夫的兒子一直抱怨看護費用太高，我跟他解釋，他父親只剩下一兩個星期了，但他無論如何都要選擇另作打算，說約瑟夫可能繼續活很久，找一個願意幾乎白做工的非法勞工是解決方案。

對此我無能為力，而我不得不相信，這些事件也是約瑟夫人生旅途的一部分。**我們任何一個人怎麼可能知道，另一個人來這裡是要學習什麼呢？**我們沒辦法知道。於是，我們以一個擁抱、一個盡在不言中的微笑，向彼此道別。我在他房間門口最後一次駐足，再看看他，我們以同樣的方式對對方笑著，什麼也沒說，但盡在不言中。然後，離去的時間到了。

我駕車離開他的家，知道他現在會盯著窗外陷入他自己的念頭中，我淚流滿面。這個角色讓我遇見我再也無法碰到的人，而我喜愛透過彼此所分享和學習到的教訓，儘管有時如此困難。

約瑟夫的孫女約一星期後打電話給我，告訴我他前一天晚上走了。我為他高興，反正他的病情絕不會允許他再享有生活品質，這樣最好。我沉思當下的情形，發現心中只有祝福。**在這些親愛的人去世之前，向他們學習生死課題，是份難得的禮物**，為此我十分感激。我們都將死去，但這份工作提醒我，我們每個人同時也都能選擇如何生活。

眼見約瑟夫因不能表達自己的感情而經歷痛苦，讓我決心勇於分享我的感情。我的隱私牆正在崩解，而我開始懷疑為什麼我們如此害怕公開和誠實。當然，這是為了避免誠實所可能帶來的疼痛，但是，我們創造的那些牆會阻止其他人了解我們真正的自己，帶給他們痛苦。看著眼淚從那可愛的老男人臉上掉下來，渴望別人認識和了解他，從此改變了我。

得知約瑟夫去世後，我坐在海灘附近的公園，單單想吸收周圍的氣。四處都是玩耍的孩子，我看著他們怎麼自然地分享他們的感受。如果他們喜歡某人，他們就說出來；如果他們傷心，他們就哭，把情緒釋放出來，然後又高興起來。他們不知道如何抑制自己的感情。觀看這些誠實的表達很美，看他們如何一起遊玩和做事，也令人耳目一新。

一起工作、表達自己的感情和充滿歡樂，是我所觀察到孩子的自然狀態，雖然我們成年人已然失去這種完全開放的能力，讓我很傷心，但也給我帶來希望。如果我們曾經像那樣，我們每個人也都多少有能力保持那樣，那麼也許我們可以學習再像那樣。

我在海灘旁的公園做了明確的決定，我以後絕不要像親愛的約瑟夫那樣抱憾。是時候更勇敢地表達我的感情了！

我心周圍的牆再也沒有用處了；拆除圍牆的作業終於開工了。

11

茱德

無疚

我希望能勇於表達自己的感受，
告訴他們，你欣賞他們。
如果他們不能接受你的誠實，
或者對你希望的以不同的方式作出反應，
不要緊；要緊的是你告訴了他們。

蜂鳴器響起，把我從溫暖舒適的睡眠中喚醒。我住在最新的住處，踢開腳上的被子，把自己裹在長袍裡，上樓去照顧茱德。我聽到她講了一些話——沒有經過訓練的耳朵聽起來可能是咕嚕咕嚕的聲音——表示她需要換個姿勢，因為她的腿痛。

一旦茱德人舒服了，再度微笑，我關掉燈，祝她再進入甜美夢鄉，回到一床美好的舒適中。

茱德和我是透過口耳相傳碰面的，我在寫歌圈認識的一個人知道我做看護，幫人看房子，把我的電話號碼傳了出去。到目前為止，我的安寧療護客戶大部分是老人或者已過中年，大多數因癌症而不久人世，但不是所有人。茱德患的是運動神經元的疾病，她只有四十四歲，女兒九歲，一頭鬈曲的褐色頭髮，臉上一朵微笑煞是可愛，她和她爸爸都是有愛心的美麗人兒，茱德也是。

我到她那裡當看護時，他們已經完全厭倦了一直派遣不同人前來的人力公司。茱德的需求相當多，相當專門，特別是要了解她怎麼樣會舒適以及她那日漸惡化的說話能力。所以，找到一個主要看護成為當務之急。僱其他看護是為補滿我的休息時間，幸好我有足夠的經驗訓練他們。

茱德已無法支持她自己的體重，我們用液壓起重機把茱德移到輪椅和床上，我看到她的能力日益減退，同時慶幸我在她仍可好好交流時接手工作，因為這使我能夠翻譯後來出現的咕嚕聲。

茱德出生在一個非常富有的家庭，剛成年時便面臨極大的壓力要好好結婚，過家人期待她過的生活。她第一輛車就是豪華車款，耗資超過大多數人的年薪。直到二十好幾，她才步入一般的百貨公司，受家庭環境所賜，設計師衣服是她唯一知道的東西。

然而，她是個極具創造性、非常腳踏實地的人。她告訴我想要的僅只是簡單的生活，但她的父母堅持要她上大學，學經濟或者法律，沒有其他選擇，儘管她曾提過想學藝術。因此，在壓力和期望下，茱德選擇了法律，她的選擇是基於以下想法：有一天，她的父母會過世，她便能把知識運用在更好的事業上，無論是藝術還是社會福利。

不過，事情並未如她所願。她的父親已經過世了，而她很可能比她母親先死。無論如何，她已無法工作了。

她對藝術的愛讓她愛上愛德華這位藝術家。他倆都說自己一見鍾情，而且在接下來的許多年，這股吸引力顯然一點也沒有減少。

雖然兩人一開始都有點害羞，但他們相互吸引的力量給了他們要勇敢的信心。剎那間，他們墜入愛河，彼此成為對方的世界，整個外在世界掉落遠離。茱德的家人被她的選擇嚇壞了，因為愛德華出身中產階級家庭，只想過簡單的生活，追求他的藝術。他實際上是相當成功的藝術家，但他不是白領工作者，而這對茱德的父母而言永遠不夠好。

可悲的是，她被迫在父母和愛德華之間作選擇，結果她選擇了愛德華。當然，她笑了。那從來不是個決定，她全心愛愛德華，他也全心愛她。茱德接著完全被她的家人排除在外，幾個早年的親密朋友並未離開她，但她現在搬進了一個不同、更快樂、更接納她的世界，也享有進入她生活的新友誼。

幾年後，茱德和愛德華歡迎他們的小女兒蕾拉降臨人間，他們又盡一切努力與她的父母和解，因為她想要他們認識自己的外孫女。茱德的父親終於讓步，在他去世前跟他親愛的孫女建立了有愛有品質的關係，他和茱德的關係也有所改善。茱德的父親雖然對愛德華很有禮貌，但要他接受一位藝術家贏得了他女兒的心，仍然相當掙扎，所以他們的關係並不密切。然而，由於蕾拉的關係，茱德的父親為他們買下這座海港邊的豪宅，還令她母親頗為不滿。

一切都還不錯，直到茱德開始變得笨拙，終至於無法忽視的地步。這些故事是茱德和愛德華異口同聲告訴我的，而我懷疑，即使她不與疾病抗爭，結果仍將是如此，他們就是這麼一對親密的夫婦。他們的愛情是我見證到既鼓舞人心又令人心碎的一樁。

一小時又一小時深入而誠實的對話在我們之間展開。接受在這樣一個年紀死亡，也是我們討論過的。我們都會輕易假設我們將永遠活著，但生命不是這樣運作的。雖然常有人說某某人英年早逝，但那並不是真的。我們都正當其時地離開世間，數以百萬計的人注定不會長壽。

當年輕人過世時，會讓我們如此震驚和絕望，乃因我們都假設自己會永遠活著，或者至少會活到非常大的歲數。但是，這其實是所有物種中再自然不過的一部分。這些兒童或年輕人本就不是要來這裡活這麼久的，他們進場，發光，最後以他們那短暫的時間內所給予世界的，留在純粹的記憶裡。

儘管茱德一路身體健康地活到四十多歲，想到這麼好的女人才四十四歲就要死了，還是覺得造化弄人，但她和愛德華都已接受這一點，而且很感激他們已經相遇相知相愛。

他們也受到老天祝福，把蕾拉帶來這個世界。在這方面，茱德有種平靜的感覺，知道有這份榮譽引導這個可人的小女孩度過她生命的前九年。不過當然，她無法親眼見到她的小女孩長大成人，以及蕾拉可能難以承受失去媽媽的痛苦，也讓人心痛。但她知道她的女兒有個慈祥的爸爸帶她繼續走人生路，也大大幫助了茱德。

現在，茱德完全失去她的獨立和動作，但她最大的挫折是失去語言能力。有個晚上，我在床上翻動她時，她告訴我，她最擔心的事情是她不再能夠傳達她的痛苦，不得不躺在那裡忍受。

我想著生活可以有多麼困難，而我們每個人的人生教訓是多麼的不同。在你最後的幾週或幾個月，擁有意識卻沒有溝通能力是多麼可怕的生活方式。更要命的是，痛苦地躺在那裡，卻沒有人體會到或知道緩解痛苦的確切方式。

一天一天，我聽到茱德講話的情況更加惡化。有些日子，還相當不錯，多數聽得懂；其他日子，只是因為我們彼此了解，加上我的工作直覺，我才能夠聽懂她所說的話。在這樣的日子，茱德有時會使用一種特殊的電腦程式：在她的眼鏡兩個鏡片之間，有著特製的雷射可以射到電腦螢幕上的字母，茱德會在她要的字母上暫停，好把這個字母鍵入，然後移動到下一個字母上，等到寫了幾個字母後，字詞就會出現。

這當然是個緩慢的過程，但至少可使她讓別人聽到。我默默地感謝那些發展了這套程式、為她創造這樣機會的人。不過，時間過得很快，茱德不久後就連頭都動不了，這樣的動作都做不出來。

在狀況好的日子，我盡可能聽茱德講話。她想傳達的很多。我把果汁送到她嘴唇邊，等她一次慢慢啜一口，讓她得以繼續講話。有一點她特別重視，一遍又一遍地說。「我們必須勇敢表達我們的感情。」她說。思索了我自己至今的旅程後，我認為，這話非常有道理。

即使她因選擇了愛德華，而失去與她母親的關係，她仍很高興知道，她至少勇敢地做出了這樣的選擇，她從來沒有後悔過的選擇。不過她渴望與母親分享她的感情，因為她的媽媽從來不知道茱德當母親的樣子。

茱德體認到這樣一個機會也許永遠不會到來，所以前些時候已經寫信給她的母親，信還等在愛德華的辦公室抽屜裡。茱德的母親知道女兒的病情，但心裡仍然固執而難以寬恕，無法探訪她垂危的女兒。

「**我們必須學會表達我們的感情**，」茱德強調。「**不要等到為時已晚，我們沒有人知道什麼時候為時已晚**。告訴別人你愛他們，告訴他們你欣賞他們。如果他們不能接受你的誠實，或者對你希望的以不同的方式作出反應，不要緊。要緊的是你告訴了他們。」茱德說，這對那些即將離開世間的人，和對那些會留下來的人是同等重要的。那些即將逝去的人需要知道一切都已經說了。她說，那會帶來平靜。如果那些留下來的人也可以鼓起勇氣誠實表達自己的感情，那麼他們就不會把這個遺憾帶進天堂。如果他們所愛的人過世了也沒把話說出口，他們也不必背負著歉疚活下去。

對茱德而言，把這一點傳達出來顯得更為緊要的，是她一年前意外失去了一個朋友，那大大動搖了她的世界。崔西一直是個積極的女人，她參與任何的聚會，她的心很寬廣，對別人完全不加評斷，每個人都喜愛她。

「我們太容易陷入生活，沒有花太多的時間在你所愛的人身上，不管是家人還是朋友。但我們真的必須回到關係和誠實上面，人們沒有意識到這多麼重要，直到他們自己要死了，或者在別人已經去世後，滿心內疚地活著。」茱德告訴我。

她說，如果我們確實盡了最大的努力表達我們的感情，並與我們所愛的人共處，便無須懷有罪惡感。但是，**我們必須停止認為我們所愛的人會永遠在附近**，因為可能一瞬間就結束了，她提醒我說。茱德說她很感謝自己有時間告別，但強調不是每個人都有福氣在臨終前有表達這些感情的時間。事實上，有幾百萬人都沒這福氣，因為他們突然而意外地離開世間。

雖然向她母親表達她對愛德華的愛，毀了她與母親的關係，但茱德很高興她有勇氣誠實表達了她的感情。這不僅讓她知道她和愛德華仍然共享著豐滿的愛，知道她一直忠於自己的心也讓她感到平靜。這也顯示，她直到那時仍然活在父母控制之下，尤其是她的母親。如果人際關係是建立在控制之上，她說，另一個人怎麼可能知道跟那個人真正健康的關係會是如何？如果這是唯一能有的關係，她覺得沒有這份關係還比較好。

但茱德努力與她的母親溝通後說，她死而無疚了，她已用足夠的勇氣表達了自己。值得慶幸的是，她與她朋友崔西的情況也是一樣。茱德一直很誠實，雖然失去崔西的衝擊很巨大，但她也是沒有內疚。失去她的朋友前幾天，她們才一起吃過午飯。當她們擁抱道別時，茱德告訴崔西，是多麼愛她和重視她們的友誼。

我自然同意她所說的分享感情和誠實十分重要，生命已經帶給我那些教訓，和茱德交談，教訓來得更是深刻。她是個美麗的女人，儘管已無法把自己控制好，還是自然優雅。她有時會流口水，她的衣服也必須捨時尚而就實用，但她的精神和過往的殘餘，仍然保持著光芒。

我面帶微笑同意她的意見，分享我的想法。「是的。驕傲、冷漠或者害怕報復或羞辱，讓這麼多感情被忍住沒表達出來。但有時表達出來也需要很大的勇氣，茱德，我們並不總是堅強到足以做到這一點。」

「是的，那需要勇氣，布朗妮，」茱德繼續說。「這點就是我想講的，表達感情需要勇氣，特別是如果你狀況不好，需要援助時，或者如果你從來沒有向你所愛的人誠實地表達感情，不知道會收到怎樣的反應時。但你愈練習分享你的感情，不管是什麼樣的感情，事情都會變得更好，驕傲是這麼地浪費時間。老實說，看看我現在，我連自己的屁股都不能擦。有什麼關係呢？我們都是人。我們也可以脆弱的，這是整個過程的一部分。」

在我來到茱德和愛德華這裡前，我的生活特別艱難。我決定與茱德分享一些我的生命故事，因為這與分享我們的感受有時會有多麼困難相關。

安寧療護的工作有段時間放慢下來，好像颱風下的浪潮，經常一下子波濤洶湧，一下子風平浪靜。不過這並未困擾我，因為我正好利用空檔做創造性的工作。不過經過近兩個月幾乎沒有任何工作，事情變得有點棘手，而且看來短期也沒有工作機會。我賺到的錢通常以某種方式全數投資我的創作，存款不多，但我以前曾經熬過來，所以從來不太在意。

看顧房子的工作同樣來了又去。有時，我壓根不知道接下來會去哪裡，只知道現案的屋主什麼時候返家。不過房子一般會在最後一分鐘自行出現。在我比較堅強的時候，我的確在一定程度上享受這種風險和興奮，腎上腺素流量肯定大增。有些人會慌張地打電話給我，問我能不能照顧他們的家，例如，他們從明天開始臨時要出遠門，像這種情形算是比較頻繁發生的。那些電話帶來的慰藉，總是讓我大口嘆息和微笑，這樣的情況會解救我們兩方。

不過，也有些時候，在預定的看房子時程之間，我會連續幾天或一兩個星期無處看顧。我要嘛離開城鎮，拜訪鄉下的朋友，享受休假；要嘛如果有特定的客戶我放心不下，我便會找個朋友的空房間或沙發暫時打擾。起初，這還頗為容易，但這種模式經過幾年後，我開始害怕開口，感覺我好像愈來愈不受歡迎了。我的朋友說並非如此，他們支持我，很了解我，知道只是暫時的。當我幾年前安頓好我的家，我家總是有訪客，但對我來說，學習接受遠比學習給予要難得多。

必須屢屢問朋友我能不能留宿，留給我絕對無望的感覺。雖然我處理好了許多過去的創傷，使我能對別人心生慈悲，但我仍然必須做好多工作，經歷好多痛苦，才能改造我對自己的想法。幾十年來的負面模式正被消解，但要完全改變我的想法是個緩慢的過程。新的、積極的種子已經種下，並且在許多方面正在我的生命中發芽，但我尚未清除所有的舊種子，它們有時仍然會冒出來。

在一次特殊的情況中，工作很久以前就已經結束，錢也差不多用完了，我再次感到絕望。我打電話給最親密的朋友，問我能不能留宿，但她自己有困難，不可能留我。她不是對我有什麼意見，而是她自己的事，她的生活。但因為當時我的思想和情緒狀態，我把這視為徹底的排斥，並且因置她於非得說「不行」的立場，而感覺更糟。我不情願地撥了幾通電話給其他朋友，但很抱歉：滿屋子是別州來的客人，另一個不在家，又一個耗在工作中，需要全心處理。

我沒有錢離城，回來也非得借一些不可，這讓我更感到絕望。所以，我只得睡在車裡。

多年前，當我有吉普車時，這不成問題。事實上，沒有什麼地方比我那輛舊車後座舒適的床，是我更樂意睡的地方。但我沒辦法在稻米泡泡裡面睡，這輛車小得我連想躺下把腿伸直都不行。它也沒有窗簾或隱私可言，又是在隆冬。我想不出可以打電話給任何人求助而心裡不會感覺更糟的。儘管我有點害怕如此無遮掩地睡在城裡街道上，我還是接受這是一個絕望的人有時必須忍受的。

我在天黑前駕車巡視，找到幾個看起來相對安全而合適的地方。我還需要考慮洗手間。半夜在別人的前院草坪上撒尿把人嚇壞，不是我需要的那種注意，尤其在我現有的情緒狀況下。

當你無家可歸，希望天下人都見不到你的時候，日子特別漫長。日出時你必須趕緊起床走開，日落後你得等到別人全都已經回家安頓好了，才能安頓你自己。同時，你無家可歸，所以你不能回家等候。這些時候是漫漫長日，夜晚則非常不舒服，冷得教人發痛，又寂寞。

一天晚上，我去一家咖啡廳，在那裡聽音樂，叫了杯茶，盡可能坐到很晚。日出時，我在海灘附近的俱樂部廁所現身，等待他們開門。然後，我會洗個臉，刷個牙，上個廁所，整個時間忍受著開門的俱樂部員工緊繃的臉色。我想他把我看作露營的人、占便宜的貨色等之類的人。但是，他把我想成什麼，永遠不會比我對自己所想的要差。所以，我真的不在乎。而我從與臨終的人相處所受到的祝福之一，是現在我真的不在乎別人對我的看法了，就是這樣，等我處理的事已經夠我頭痛了。

有一天早上，我坐在海港邊一塊岩石上，祈禱老天給我力量、耐力和奇蹟。就在那時，一隊海豚游過來，一隻躍出水面在空中翻騰。那一刻，我的生活壓力如此沉重，牠又給了我一點希望。然後，我想到一些住得更遠的朋友，決定給他們打電話，問我可不可以留宿。他們一直是可愛的人，但我自覺不配而絕望之餘，令我無法再向其他人尋求任何幫助，或甚至想起任何一個我可以問的人。我沒有足夠的勇氣表達我的感情，而其實我可以只是很誠實地對這些可愛的人說：「嘿，我感覺很糟糕。我可不可以過去待一會兒呢？」

所以，我懷著更有希望的決心，在海港周圍散步。不過，在我有機會打電話給我的朋友之前，手機響了，是愛德華打來的，問我有沒有空照顧茱德，而且立即開始？如果我需要的話，他們可以提供一間漂亮的公寓給我住。

那天晚上，我再度得以舒展雙腿，不再因痙攣和寒冷而疼痛。我舒舒服服洗完澡後，安樂地窩在溫暖的羽絨被裡。我和三個令人愉快的人共進健康的一餐，又開始賺錢了，生活改變的速度可以如此快速！

當後來另一段少有人找我看房子的日子出現時，我做的第一件事是打電話給我與海豚交朋友的那天上午想到的朋友。他們滿心喜悅和興奮地歡迎我住進他們空餘的房間。讓美好進入生活，對我來說再度成為可能。我還在學習如何表達自己的感情，但我正往目標邁進。

我告訴茱德「開放」其實對我是個學習曲線，因為我過去已經封閉太久。我欣賞她的意見，以及有機會如此誠實地討論這一切。「我們都需要提醒，布朗妮。每個人都把必須說出的事情緊緊留在心裡，無論別人想不想聽。為了成長，我們必須表達我們的感情，那可以幫助大家，即使他們沒有意識到這一點。超過一切的是，誠實永遠有效。」

與茱德相處幾個月後，她惡化的情況如此嚴重，結果她住進了安寧病房。人力公司那邊的工作又應接不暇，一段長期的看房子工作又出現了，我利用路過安寧病房的機會探望茱德，很高興能夠遇上愛德華和蕾拉。坐在床的另一邊的是我從未見過的一位女士，但我立刻看出茱德和她母親之間的神似。

愛德華已主動在他心愛的茱德過世前，把她的信發送給她的母親。現在，她已經無法說話，但信裡面全都說了。茱德曾表明對她母親的愛，現在仍然愛。她寫到她深感珍貴的美好回憶，以及她從媽媽身上學到的正面事情。信中沒有什麼負面的內容，因為茱德厭恨內疚，想要母親知道她的愛，儘管她們的關係如此悲哀。茱德的母親幾天後出人意表地出現，此後每天都來握著茱德的手，看著女兒的生命即將結束。

我跟茱德談了一會兒後，在她臉頰上吻了一下，然後做最後的道別，並感謝她給我的一切。「我到那裡時再見，茱德。」我淚眼汪汪地微笑說。她咕噥了一聲，眼睛微笑起來，儘管她的嘴再也笑不出來。

愛德華和蕾拉陪我走出去，到稻米泡泡旁邊，他們各牽著我一隻手。我們都淚水漣漣，但愛流淌得如此真誠，眼淚就不打緊了。他告訴我，茱德的媽媽跟她談了很多，眼淚也從茱德的臉頰落下，尤其是當她聽到母親說愛她的時候。她的母親向她道歉對她評斷得太過了，她承認曾經暗自嫉妒女兒，以及茱德不顧社會意見的勇氣，正是社會意見奪走了她真正的幸福。

我擁抱了愛德華，和蕾拉道別後，祝福他們未來的生活中一切美好。我想著美麗的茱德躺在那裡，她的母親在她身邊坐著，而愛的力量多麼強大。我的心隱隱作痛，但也十分喜悅。

幾年後，愛德華寄了封電子郵件給我，帶來一個驚喜。蕾拉和她的外婆一起歡度了幾個月，在外婆上天堂前彼此認識了一下。他說，她那時已是一個不同的女人，有時讓他想起美麗的茱德。當房地產處理好，愛德華和蕾拉決定離開城市，搬到山上，更靠近他的父親，那裡的空氣也比較清新。他大約一年前遇見了一位新對象，蕾拉快有個小妹妹了。

我的答覆包括我給他們全部的祝福。我也很高興與他分享我記得的關於茱德的事情：她的笑容、她對疾病的耐心、她對生命的接受以及她把想法傳達出去的決心。內疚是有毒的，表達我們的感情是幸福生活的必需品。

我還記得坐在她床旁邊，滿月照在水面上，而茱德決心只要她的聲音發得出，她就要讓人聽到她的話。她已表達了她的觀點，我現在知道誠實表達我的感情的喜悅，就像那隻海豚跳出水面翻轉時露出的喜悅。

12

南茜

偽裝下的禮品

我促成了那份友誼的破裂，
無論是自覺地還是不自覺地，
但是如果在任何關係中，你不能表達自己，
一切只為保持表面的平靜，
那麼這種關係是由一個人所宰制的，
絕不會平衡或健康。

我在安養院工作時，一些臨時班讓我與患阿茲海默症的客戶共處過，但南茜是我第一個患有這種疾病而在家中接受安寧療護的客戶。她曾是個溫柔的女人，三個孩子的母親和十個孫子的祖母。她的丈夫還在，但很少走進她的房間。事實上，忘記他實際住在同一戶還挺容易的。

南茜的三個姊妹和兩個兄弟會隔天來探視，起初也有些她的朋友會來，不過我觀察到這些探訪隨時間而遞減。照顧南茜滿難的，令人筋疲力竭，她不安，很難照護，從來不想在一個地方停留一分鐘以上，而且很多時候非常苦惱。她平靜的時刻很少，結果我也變得難以平靜。

最後，她焦灼的苦惱令每個人擔心不已，特別是她的家人，結果她的藥物劑量增加了，她白天也會小睡。當她醒著時，她的詞句一點意義都沒有，這是阿茲海默症的典型症候，一個字的一部分會跟另一個字的一部分夾雜在一起。有時候可以辨認出是英語方言，但毫無結構，絕不正式或前後連貫。

儘管如此，我對待南茜還是和其他客戶一樣，用愛心和溫柔對她，工作時跟她聊天。有時，她知道我在房間裡，有時她心在千里之外，我即使有十個頭，她也注意不到。

當我早上八點接班時，偶爾會為她淋浴，但這通常是夜間看護的職責。如果經歷了一個特別麻煩的晚上，而我到達時南茜還在睡覺，幫她洗澡的工作就落到我身上。不過，更多的時候，淋浴會在我八點鐘左右到達時進行。南茜有時會坐在淋浴椅上對我微笑，讓夜間看護洗她身子。有位看護照顧人的方法，明顯地和我們其他人不同，她堅持說那是她出生地做事的方式。

第一起事件發生在一個非常寒冷的冬天早晨。我抵達南茜的房間，發現她赤身裸體躺在床上，冷得顫抖。她剛剛才淋浴過，而且在淋浴椅下留下一大堆排泄物。這沒什麼稀奇，客戶屁股坐在淋浴椅中間的洞上時，經常發生這種事，因為他們的腸子把椅子認作了馬桶；如果客戶需要升高的座位的話，這些椅子也被用來坐馬桶，因此，這些事情在淋浴時發生，並不足為奇。

南茜個性淑靜，來自一個優雅的家庭，所以裸體躺在那裡，沒有任何東西遮蓋，對她可能就足以造成創傷了，而且她還冷得瑟瑟發抖，看起來像個脆弱的小孩子。我一走進去，看到她那樣，便立刻把她擦乾，盡快在她身上蓋條溫暖的毯子。

我在浴室發現另一位看護正在收拾殘局，我不可能不置一詞，儘管我是用外交辭令說：「我等一下可以清理，客戶的舒適必須優先處理，而不是把浴室地板清乾淨。」夜間看護唯一的反應是聳聳肩。

另一起事件發生在幾個星期後，當我與同一位看護交班的時候。一般來說，我不喜歡戴手表，同時如果可能的話，盡量避免受限於時鐘。但是，如果我必須根據嚴格控制的時間表工作，我通常會保留多一些時間到要去的地方，而不是讓自己必須匆匆忙忙，造成壓力。這讓我可以多享受些旅程，不管距離長短，一路上也可更接近現實。不過，在那個特別的早晨，交通特別順暢，所以，我比預期到得早。

發生第一次事件後，夜間看護已改成更早為南茜淋浴，好讓我看不到她處理的程序。這位看護和我其實一直相處得很好，因為我們有幾個客戶是共享的，過去幾年輪班交接時經常看到對方，但是，我從她與南茜和以前的客戶相處中，親眼目睹了她如何缺乏同理心，確實讓我掙扎要不要繼續把她視為充滿愛心的專業人士。當我走進浴室說早安，發現親愛的小南茜坐在淋浴椅上，全身冷得發抖，牙齒凍得格格作響時，更加深這種感覺。

我詢問發生了什麼事，看護解釋說，她出生的地方就是這樣給人洗澡的，全身先用冷凍的水澆幾分鐘，隨後用溫水澆幾分鐘，再澆幾分鐘冷水，再澆溫水，但最後總是澆冷水，她說這樣有助血液循環。這可能是正確的，我不知道，也不在乎，儘管我確實接受，在冷水中游泳經常讓我感到非常振奮。

問題是，當時是隆冬，屋外狂風怒吼，窗戶搖動，即使在室內，也需要穿好幾件衣服，這位老太太病得這麼重，都快死了，她實在不太需要給振奮起來到附近繞圈子跑。她現在太脆弱了，沒辦法做什麼事，我們的任務是照顧她的福利，包括舒適，不是要讓她坐在淋浴椅上，看起來完全嚇壞了，冷到牙齒敲得格格作響。在我看來，這個可憐的人兒只需要溫暖舒適，受到親切的照顧。

我從來沒有表現得咄咄逼人，但需要時我可以如此。觸發這股力量的是不公正或殘忍。我對這位看護輕輕但誠實地說，她收到了我的訊息，接受以後的淋浴只用溫水。

日子一天天過去，每天都是例行公事。這位特別的夜間看護休假去了，要很長一段時間才回來。接替她的是另一位我以前偶爾會碰到的看護琳達，接她的班總是讓人精神一振，因為和她聊天很愉快，她的工作倫理品質也很高。我為我們的客戶吐了口氣，感謝上蒼的安排。

南茜仍然語無倫次，當她下床時，大部分時間依然不安而激動。但由於她服藥量增加，這些情況持續不久。她床上兩側的欄杆應該隨時拉上，但如果情況很平靜，我會降下欄杆，除去我們之間的障礙。南茜對一些呵護的動作有時會有良好反應，像是我用乳霜揉她的腿或類似的事情。

有一天我協助她上廁所，她握住我的手拖著腳走回床邊。我另一隻手裡有個什麼東西滑落到地板上，我大笑彎下腰把它撿起來。我對待南茜總是和對待任何客戶一樣，即使她心神在幾十英里外。接著我站了起來，還在和她邊說邊笑。忽然南茜直直看著我的眼睛說：「我覺得妳很可愛。」她的神智讓我感覺清明如白晝。

我臉上綻出大大的微笑，我們站著向對方微笑了一分鐘。我正看著一位完全保有理智而活在當前的女人，在那一刻，她完全知道發生了什麼事。所以，我誠實地回答說：「我覺得妳也很可愛，南茜。」她的笑容愈來愈大，我們擁抱起來，之後，我們再互相微笑。真是很美。

我們繼續牽著手拖著腳回到床上。我扶她坐在床邊，彎腰抬起她的腿時，南茜發出一句混亂的話，是阿茲海默症的語言，沒有機會讓任何人了解。她又走了，但她曾經短暫地跟我在那裡，清楚得不得了。

沒有人能說服我是別的情形。阿茲海默症病人大部分時間可能不知道怎麼回事，但僅僅因為無法清楚表達他們的想法，而且往往很混亂，並不意味他們不會吸收一些正在發生的事情。第一手見到這種情形，改變了我對這個病和其他疾病的整個視角。

幾個星期後，我把這件事講給另一位看護琳達聽，她同意這是個特殊的事件。不久之後，琳達也經歷了南茜變清醒的時刻，不過也許不那麼讓人喜愛。她的夜班工作一部分是每四小時幫南茜翻身，以避免生褥瘡，南茜往往處於深度睡眠狀態，但醫生囑咐必須這麼做；在那個特別的夜晚，當琳達早上約四點鐘翻她時，南茜非常堅定而明確地對她說：「妳敢動我！」

「別擔心，南茜，」琳達嚇了一跳，回答她：「好好作美夢。」琳達很驚訝，但回去繼續睡。

南茜家人每天來解救我半個小時，我上的班漫長而累人，我總很歡迎休息時光。南茜家在海灘郊區，我會直奔下山丘，站在岩礁上望著大海，有些岩礁上布滿裝了海水的藤壺和水坑，但仍有很多地方可以踩，讓我安全地接近岩礁邊緣。我呼吸著海洋的空氣，清新的微風和浩瀚的海洋讓我心曠神怡。

偶爾會有另一個人在更遠更外面的岩礁上，就在海邊。他會吹奏薩克斯風，觀察他、聽他給人一種神奇的感覺，如此完美的曲調就這樣隨著海洋的節奏漂浮過來。我會站在那裡出神，盡量吸收每一個可能的時刻，最後才戀戀不捨地回到山上。他的音樂可以讓我撐過剩下的班，從來沒失效過。

當然，我會把這告訴南茜，即使她完全在另一個世界，這不會困擾我，我的用意是盡力讓她的世界保有一點刺激，所以我從外在世界帶進來一些談話。她現在整個世界就只是她的臥室、連接臥室的浴室和客廳。

我向她提了兩個月那個吹薩克斯風的人，她沒有表現出感興趣的反應或跡象。然後有一天，當我興高采烈地回房，試著形容他那天吹奏的曲調（好像真能用語言描寫音樂似的），南茜看著我的眼睛微笑。幾分鐘後我把一些要洗的衣物拿開，她開始哼小調。這時通常是她一天最激動的時間，但這回她卻哼唱了好久。不過，就跟它開始一樣，它停止得也那麼快，然後她又去了千里之外，口裡發出不可理解的音節。

這些極短暫的清明狀態使我非常感激地一直對南茜講話，儘管我通常不會得到我可能會喜歡的反應。但是，僅僅因為有人不照你希望的方式回應，並不意味你應當後悔嘗試表達自己。

別人的反應是他們的選擇，就像我們自己的反應也不是別人的責任。隨著我的牆壁一次剝蝕一塊磚，我也發現表達自己的需要增加了。表達我是誰現在變得更重要，然而，在其他方面，它也變得不那麼重要，因為我也變得愈來愈不受到別人如何揣測我而困擾。最後，我猜主要是在於我如何感知自己。我想要從此勇敢而誠實，不計代價，學習開放也會開始感覺人不錯，其實非常好。

我生命中有一份友誼特別讓我感到不平衡，而且這種情形已經維持了幾年。顯然，這對我是人際交往上有關界限的課程，我正在學習。然後，隨著所有內在發生的變化，包括誠實表達帶來的滿意感，終於到達我必須說出我當時的感覺如何的地步。所以，我誠實地解釋了我的想法，希望可以得到理解。那不是對這位朋友的攻擊，只是我在分享感覺，對我受到期望要對我們的互動盡所有努力的感覺，以及我覺得出現了什麼樣的不平衡。

我們做朋友已經很長一段時間，我感覺誠實可以讓我們過這一關。不過，誠實的結果是告訴我，把我們拉在一起的因素其實只是往事和習慣而已。我的朋友憤怒地抨擊我，展現我所不知道她擁有的一面。觸發這個反應的是她的恐懼和傷痛，這我理解，但對我發出的憤怒達到把我淹沒的程度，我體會到我其實根本不認識這個人，她心裡有著我從來沒有瞥見或懷疑過的難搞成分。所以當她完全切斷我們的聯繫時，我接受了她的決定並平靜地接受了情況，是繼續往前走的時候了。

不管怎樣，我回想我們的友誼，仍然認為那些年是美好的禮物，現在還是。最後，只有快樂的回憶依然留下，但讓這份友誼逝去相對而言比較不痛苦，因為我看不出擁有不容許誠實或平衡的關係，有什麼意義。我們都不完美，包括我自己在內。我促成了那份友誼的破裂，無論是自覺地還是不自覺地，但是如果在任何關係中，你不能表達自己，一切只為保持表面的平靜，那麼這種關係是由一個人所宰制的，絕不會平衡或健康。

在天平的另一端，幾年後，誠實強化了另一樁友誼。生活改變了我很多，所以我有時會打電話，但這個朋友很少有空，直到她再度需要我。這一切有一天到達危機點，我在疲倦之餘，很誠實地表示，我真的需要依靠她一會兒。那份真實把我們拉近了十倍，並開啟了美好的對話。她與我分享了很多，我們的友誼因相互尊重和情感成熟而增長。最後，她不是那種完全可靠的人，我們都承認了這一點，也接受了。

取而代之的，我愈來愈依靠自己，以及交往已久的朋友。雖然這讓我解脫了一點對這份友誼的需要，但我也不再對朋友隨時候教，她也不得不加以調整。我並不總是堅強到可以讓她依賴，也不再覺得有必要扮演這個角色了。接受彼此的弱點以及互相誠實的勇氣，在許多其他方面讓我們更為緊密。現在，這份友誼任何一方均不受壓力。它成熟，非常誠實，總是充滿樂趣。

我們不再跟以前一樣常常趕上對方的近況，我們的生活也不再像從前那樣密切交織。所有的關係都會改變，包括友誼在內。儘管經歷了這一切，我們現在比以往任何時候都更密切。我們誠實並且完全接受對方本來的樣子，而不是我們希望對方是那樣的人。當我們的確趕上了彼此的近況，我們都珍惜地享受老天賜給我們的時間和彼此的理解。

南茜在一片混亂的語言中對我做的簡短回應，是我畢生最美麗的時刻之一。如果我先前沒有表達我自己，無論預期她反應與否，我都永遠不會在那一刻收到這樣的獎勵。

澳洲有位著名而受喜愛的詞曲作家、藝人米克・托馬斯（Mick Thomas），他有一首歌曲完美地傳達了把他人視為理所當然的後果。這首歌講的是一名男子深陷生活中，以致他的女人如果改變頭髮的顏色或者其他東西，他甚至不會注意到。這首歌的主要訊息和歌詞是：「他忘了她很美麗。」

雖然這首歌適用於男人把他的女人視為理所當然，但也可以應用在我們生活中的任何人。女人也把自己的男人視為理所當然，再也看不到他們的內在美或外在美；女人也並不總能辨認出，男人可能以不同的方式表達他的愛，例如為伴侶做些事。孩子把父母視為理所當然，家長有時把孩子視為理所當然。朋友、表兄弟姊妹、兄弟姊妹、同事、祖父母和社區的成員都可能被視為理所當然。

不過，我發現誠實會受到獎勵，即使可能不是以我們預期的方式獎勵。那可以帶來自我尊重，或者在有人過世時活得毫無內疚、或者更豐富的人際關係、或者不健康的關係從你的生活被剔除，或者各種各樣想像不到的形式。重點是，**擁有勇氣來表達自己的感情，你便給自己和他人帶來了禮物**，你愈拖延表達出來，你便要荷載更久才能說出的東西。

南茜再也說不出清晰的話了，但這並不重要，我那天收到的祝福和獎勵是如此豐富。她的孫子也注意到另一個清明的時刻，他某天下午唱歌給她聽，南茜沒有說話，但眼睛直視著他，親切地笑了笑，不是老年癡呆的笑法，而是外婆驕傲地對孫子微笑，因為他那一天用唱歌表達他的心，給她帶來了平靜。

我們永遠無法知道哪些禮物會送給我們，直到它們到達為止，但有一件事我敢肯定，勇氣和誠實總是會受到獎勵。

13

桃麗絲

我希望與朋友經常保持聯繫

有多少人在你身邊不打緊，
如果沒有一個人了解你，
或者接受你的本來面目，
那麼寂寞可以很容易地展示其痛苦的面貌，
那和獨處是迴然不同的。

我偶爾會在養老院輪班，是在固定客戶的私人住宅之間另排的班。在這些情況下照顧的客戶不全是安寧療護的病人，他們只是一些需要幫助的人，有時我僅僅是現有團隊的支援員工，而不是照顧任何一個特定的客戶。

如果有人想否認我們的社會狀況，那就避開養老院；如果你覺得堅強到足以真實地觀察生活，那就花些時間去養老院走走。那裡有很多寂寞的人，很多。我們任何一個人都可能在任何時候成為病人。

在這些場合接觸到養老院的工作人員，既具破壞性，也鼓舞人心。多年來，我曾短暫共事的人裡面，有些是美好善良的人，顯然選對了他們的工作領域。他們精神活潑、寬厚慈愛，感謝老天有這些人。但是，由於大多數養老院人手不足，所以他們要散播喜悅便不斷受到挑戰。

在天平的另一端，這一行也有些人已經變得疲倦而沮喪，或者從一開始就從未有過熱情。同理心在生活中有很大幫助，可以幫我們把人生路走得更長，但在我遇見桃麗絲那晚的團隊裡，卻非常缺乏。

院民撐著手杖和助行架拖著腳走進公共飯廳，他們都是來自相對而言收入夠體面階層的人，因為這家安養院是私人和所謂的「豪華」養老院。院內的裝飾很親切，花園維護良好，公共區域很清潔。但飯菜不太理想，全是從院外訂購預先煮熟的，要吃時就微波加熱，沒有什麼味道或誘人的香氣。我在那裡見到的任何食物，毫無營養或新鮮可言，院民前一週週末下訂單，用餐時通常會有一盤東西滑到他們面前，工作人員連聲問候或者好意都沒有。

他們一見到開朗的面孔，就會摸摸我的手，把我留在桌邊跟他們談話。這些都是腦筋清楚的正常人，喜歡社交互動，他們的身體正在老化，漸趨虛弱，但一切就只如此。一兩年前，這些迷人又親切的人還過著完全獨立的生活，當我回到廚房取另一疊盤子時，一些工作人員已經滿面不悅之色在等待我。

我只不過在輪到我上菜時跟一些院民笑笑聊了一下，便受到反對了。我把他們的反應擺到一邊。我拿回一盤羊肉，友善地告訴班頭說：「伯尼訂的是雞肉，不是羊肉。」

她半笑著回答：「給他什麼，算他好命，還敢不要！」

「算了吧，」我說，沒有被她的廢話嚇倒。「我們當然可以給他一份雞肉。」

「他吃羊肉，不然就餓死。」她忿忿地說。我慈悲地看著她，因為她明顯地不滿，但她對於角色的態度，無法表示尊重。

我把羊肉送回給伯尼時，一個可愛的工作人員跟上我。「別擔心她，布朗妮，她總是那樣。」瑞貝卡說。

我微微一笑，為那份真心感到高興。「我一點也不擔心她。我關心的是必須一天又一天受這種待遇的老人家們。」

瑞貝卡同意，「剛開始，那對我影響很大。不過現在我只是做我能做的，盡可能給他們所有最好心的對待，在我能力所及。」

「妳這樣真好。」我微笑著回答。

她摸摸我的背，朝另一個方向走去。「我們有些人會關心，但不夠多，只有少數幾個。」

當餐點上桌，大致吃完了，廚房清理乾淨後，一些工作人員跑到外面吞雲吐霧一番。我們幾個留在裡面，和即將離去的院民聊天，這讓人很愉快，十幾個人圍著與我們同樂。他們的機智和開朗的精神讓我吃驚，我驚嘆於這些人的適應能力，對新環境適應得這麼好。

每個院民都有自己的房間和浴室。當我做夜間巡邏，幫助他們穿好衣服準備睡覺時，可以見到每間房透露了主人的一些個性。微笑的全家福照片、繪畫、鉤針地毯和主人最喜愛的茶杯點綴著每個房間，一些陽台上有盆栽。

我輕鬆走進房間，樂呵呵地自我介紹時，桃麗絲已穿上粉紅色的睡衣。但她只是笑了笑，沒有說什麼，然後扭過頭去。我問她怎麼了，她馬上淚如泉湧。我立即坐在她床邊，把她抱進懷裡，她抽泣著，什麼話也沒有講，只拚命地抱著我。我心中祈禱上蒼給我力量，等待著。

當眼淚停下來，速度之快就跟它們落下來一樣，她拿出手帕。「哦，我真傻，」她說，擦著她的眼睛。「原諒我，親愛的。我只是個愚蠢的老女人。」

「怎麼回事？」我輕輕地問。

桃麗絲嘆了口氣，說起她在這裡四個月，幾乎很難看到一張愉快的臉。她說，我的笑容打開了她眼淚的開關，這句話幾乎讓我流淚。她一個女兒現在住在日本，女兒與她聯絡雖然頻繁，但她們已不再密切。

「媽媽養自己的漂亮小丫頭，從來不會想到有什麼會帶走妳們之間的親密。但是生活會把她帶走，注意，不是說妳們吵架了，只是生活和生活裡的忙碌。」她跟我分享。「她現在有自己的生活，這些年來我學到了，你不得不放手。我把她帶到這個世界，但我們並不擁有我們的孩子，我們只是有福氣扮演指導他們的角色，直到他們可以自己飛了，這就是她現在正在做的。」

我立刻貼近這位可愛的老太太，並答應半小時內回來再聊久一點，如果她能為我保持清醒到讓我當完班的話，她說她很願意。

後來，桃麗絲坐在床上打開了話匣子，我坐在她旁邊的椅子上聽她說。她從頭到尾握著我的手，不時玩弄我的手指或戒指，沒有意識到她正這麼做。

「我在這裡已經快孤獨死了，親愛的。我聽說過這個可能，而它真能殺死人。寂寞肯定能殺了你，我有時候想接觸人想得要死。」她傷心地說。我的擁抱是她四個月來的第一次。

她不想讓我承擔這些，但我堅持要她繼續。我是真心想認識她，所以她繼續講。「我最想念的是朋友，有些已經死了，有些情況跟我很像，有些我已經失去了聯繫，我真希望沒有跟他們失去聯繫。你想像你的朋友永遠會在那裡，但生活不停前進，突然你會發現這個世界已經沒有誰了解你，也沒有誰對你的過往有任何了解了。」

我建議聯絡他們。她搖搖頭說：「我不知道從哪裡開始。」

「我可以幫忙。」我這麼提議，接著向她解釋網際網路。這一切對桃麗絲都像是天方夜譚，但她終於理解到一個程度。起初她拒絕了，擔心我的時間難以配合，不過最後，我說服她我樂意幫忙。我喜歡查資料，我在銀行工作的那些年，有段短時間是做有關詐欺和偽造的研究工作，我很喜歡。她對這比較大笑起來。

「請允許我。」我向她要求。結果，她露出一個充滿希望的、若有所思的微笑表示同意。

我想幫助桃麗絲有幾個原因。我遇見她的第一刻就喜歡上她，我有方法找到她的朋友，而且也想幫助她，因為我了解她的感覺，我知道長期的孤獨和渴望了解會帶來讓人像殘廢一樣的痛苦。

我過去的痛苦也曾經把我折磨到深深退縮的地步。這種被誤導的信念是許多人的經驗，就是，如果你把別人排除在外，你就能把傷害留在外面，讓自己不再受到更多的傷害；如果沒有人能接近，那麼也沒有人會傷害你。當然，唯一真正可治癒傷口的方法，是讓愛再次流入，不是把它擋在外面，但要達到那一點，可以花費很長時間。

《星期日早晨來打擊我了》成為我的主題曲。我喜歡克里斯多佛森（Kris Kristofferson）的音樂，我寫的歌也相當受他影響，我發現這首歌最能表達我的寂寞。星期日總是最糟糕的。露辛達．威廉斯（Lucinda Williams）也寫了首好歌講這個，唱道：「我似乎無法過星期日這關。」

還好只有星期日是這樣。孤獨會讓你的心空虛到足以真正殺掉你的地步，那般疼痛難以忍受，而且寂寞的時間愈長，絕望就更多。那些年我走過了一英里又一英里的城市街道、鄉村道路和之間的一切。寂寞不是缺人，而是缺乏理解和接受。全世界的人在擁擠的房間裡經驗到孤獨的多不勝數，事實上，在擁擠的房間裡感到孤獨，往往更突出和加劇寂寞。

有多少人在你身邊不打緊，如果沒有一個人了解你，或者接受你的本來面目，那麼寂寞可以很容易地展示其痛苦的面貌，那和獨處是迥然不同的，因為我過去喜愛獨處。獨處可能意味你是孤獨的，也可能讓你很喜悅；寂寞是渴求一個懂你的人來陪伴你。孤獨有時和寂寞有關，但往往無關。

寂寞變得如此令人無法忍受，使我的心變得疼痛不堪，以致自殺成為偶然伴隨寂寞而來的念頭。我當然並不想死，我想要活，但是，體會到我的價值，而不是我已學會相信的無價值，以及脫離這種痛苦，有時要花不可思議的力量才掌握得到，以致選擇自殺讓我感到更有吸引力。

隨著痛苦和寂寞終於變得難以承受，我到達了迄今為止最痛苦的地方，我的祈禱終於透過一個善良和理解的行為得到回應。一位朋友在完美的時刻打電話給我，他知道我正經歷一些困難，但他不知道在那一刻，我正在傷心欲絕的淚水中寫我準備退出人生舞臺的信。我準備走了，我就是再也不能與我心裡不斷的疼痛一起生活了。

他堅持要我不必說一個字，我只要聽就好了，於是，我在疲憊不堪之餘，淚水汪汪地勉強同意。透過電話，我聽到他開始彈吉他，然後，唐麥克林的歌曲《文森》的起頭歌詞「星光燦爛的夜晚」開始傳進我耳朵，不過他把「文森」換成「布朗妮」。

當我想到這首歌的悲劇和痛苦，傾聽柔和的旋律講述著梵谷受苦的故事，不禁悲從中來，淚如雨下。他唱完時，我繼續啜泣，其他什麼我都做不了。他默默地耐心等著，然後，我感謝他，邊哭邊掛上電話。我那時沒辦法多說什麼話。

我那天晚上筋疲力盡，情感枯竭，昏沉入睡。雖然我承認，透過朋友的理解和善意，一盞充滿希望的小指示燈至少已經重新點亮了。第二天晚上，一個英國來的朋友出乎意料地打電話給我，我們談了很久心裡話，我的力量慢慢開始一點一點恢復。

由於我以前經歷過這種程度的悲傷和寂寞，所以我了解桃麗絲正在經歷的痛苦對她是真正的、觸摸得到的。用餐時間她周圍有人，白天也不時會見到人，但她渴望獲得理解和接受，懷念她的朋友，因為他們是真正了解她的人。如果我能幫助減輕這種痛苦，為什麼不做呢？

在接下來的一週，我去探望她，這位親愛的老太太已經親筆寫好了一列人名，字跡可愛得很，等著我的到來。桃麗絲盡量告訴我她四個朋友的事，還有她最後與他們聯繫時，他們都在哪裡生活。我們喝著茶，聽她向我分享他們的故事。

其中一個女人很容易找到，但她已經中風了，不再能說話了。桃麗絲聽了這個消息，說了一個簡短的訊息，請她朋友的兒子讀給媽媽聽。雖然她聽到朋友的狀況悲從中來，但她知道至少可以傳遞口訊，也讓她平靜下來。

親愛的艾西：

我聽到妳身體不好很難過。光陰如梭。愛麗森還住在日本，我把房子賣了，現在住在一家養老院。一位年輕小姐為我寫了這封信。我愛妳，艾西。

誠摯的桃麗絲

寫得很簡單，但說出了她想說的一切。我那天晚上打電話給艾西的兒子，把話傳過去。後來他回電給我，告訴我艾西如何高興得微笑，我把這消息告訴桃麗絲，讓她也綻出滿意的微笑。

接下來幾個星期，我設法找到她另兩個朋友的消息。可悲的是，他們都已經不在人世了。桃麗絲點點頭，接受了事實。她嘆了口氣說：「唉，這不出人意料，甜心。」

找到最後一個朋友的壓力讓我非常有決心，我上網搜索，打了無數的電話，但事情看起來不大妙。我打電話時，大家都親切地幫忙，但是「對不起，名字對，可我們家沒這個人」成為熟悉的答覆。

在此期間，我仍然每週探望桃麗絲兩次，只要我坐下來，她總是握住我的手，從頭到尾都不放。有時她會堅持說我一定有其他事好做，盡量推我走，或者說服我不要來。當我向她保證，我也很享受我們共處的時光，真的是這樣，我會見到她臉上安慰的表情，以及她對每一次探訪多麼渴望。可以向老年人學習的地方很多，他們一身都是歷史，我怎麼能不享受我們愉快的交談呢？他們真是迷人。

突破終於來到，最後一位朋友有消息了。我接到一位老先生的電話，說他曾經是洛琳的鄰居，他告訴我，他們一家已經搬到了哪個郊區，我繼續追蹤她，終於成功了。事實上，電話上傳來的聲音是洛琳本人的，老聲老氣的，但很親切。我向她解釋我是誰，還有我的意圖，她喜悅地驚嘆出聲，全心全意地同意我把她的電話號碼給桃麗絲。

當然，我直接把號碼給了桃麗絲。我笑著摟抱她，然後把寫有洛琳的名字和電話號碼的紙遞給她，她再次抓住我，充滿興奮地抱住我，這太寶貴了。她向我做手勢把電話拿過來，我等不及地拿給她。不過撥打號碼前，我說要讓她自己打電話，不要當她們的電燈泡。她溫和地抗議，但我可以看出她真的不介意。她太興奮了，要我留下來到電話打通為止，我同意了。於是，我們先溫暖地擁抱告別，然後我為她撥打洛琳的號碼。我的心興奮得怦怦跳。

桃麗絲握著話筒，一聽到她朋友的聲音，臉上立時發出喜悅的光芒。雖然桃麗絲的聲音已老，我也知道洛琳的聲音，但那通電話傳出來的精神就像是兩名年輕女子對談一樣。她們立即笑起來，吱吱喳喳聊個不停，我把房間整理了一下，四處走動，無法把自己從這個令人難以置信的快樂脫離出來。

終於，我離開了，在門口，我向桃麗絲悄悄地揮手告別，她容光煥發，交談停頓了一會兒，要洛琳稍待後對我說：「謝謝妳，親愛的。謝謝妳。」我點點頭，微笑到臉痛的地步。順著走廊走，我仍然可以聽到桃麗絲大笑，直到門關上為止。

在回家的路上，微笑從來沒有離開我的臉。

回到家，接到一通瑞貝卡的電話，就是那位我與桃麗絲第一次見面那晚，在那裡工作的可愛的工作人員。親愛的桃麗絲那天下午在睡夢中蒙主寵召。

悲傷的淚水立刻流下，但也有喜悅。畢竟，她死得快樂，親愛的老太太。一點時間可以如何改變一個人的生命，真是令人吃驚。當我想著這位我初遇那晚的寂寞女人，到那位我在她最後一天抱著告別的人，再多金錢也無法替代這帶給我的滿意。

世界各地的安養院，有著成千上萬美好但非常孤獨的人，現在也有很多年輕人局限在安養院生活。不過不管年輕還是年老，每週能有幾個小時活在新的友誼裡，可以為這些人以及他們生命的最後一章帶來所有的不同。當然，首先不住進安養院是上選，但不幸的是，這並不總是可能的。有許多在院裡的人不應該在那裡；他們只是被「處理」到那裡去的，可以這麼說。

見證這種情況很可怕。不過，給一點時間就有大幅改變這些人的生命的可能。

對我來說，桃麗絲離去的時間很完美，簡單地說，那是她該走的時刻，而且她已經心滿意足了。我們已扮演了在彼此生活中該扮演的角色，為此我將永遠感恩。她是個讓人想寵愛的女人，洛琳和我不久後相會。她們兩個電話打了不知多久，她說，掛電話時兩人都感到莫大的幸福。我們坐在一家咖啡廳樹下，開心地大談桃麗絲和生活，直到開車送洛琳回家的時間到了，能夠與她的朋友見面真是很好，當然，認識桃麗絲也是美好的事情。

而我們希望，我們親愛的朋友到達彼岸的時候，能夠遇見她其他的朋友。

14

伊麗莎白

真正的朋友

「不要跟妳最珍惜的朋友失去聯繫，布朗妮。
那些接受妳本來面目的人，
還有非常了解妳的人，最後比什麼都更值得。
這是一個有經驗的女人的肺腑之言。」

雪梨繁忙的步伐令我有幾分疲累，由於短期沒有看房子的工作，我便南下墨爾本體驗生命的另一章。我離開墨爾本好幾年了，所以能回來享受這樣一座奇妙的創意城市的歡樂，見見老朋友，真是可喜。我看房子的聲譽在我抵達之前傳開來，所以我的工作日程立刻有了預訂。

不過，我住進的第一棟房子是瑪麗的度假小屋，瑪麗是我以前在雪梨產前中心的老闆。我到達時是秋天，我穿著一件大外套，戴頂帽子，一派粗獷地走了很長的距離，寒冷的海風陣陣吹過，讓我感覺很有活力。我喜歡像這樣走，也趁我還走得動的時候趕快走。然後內心舒服，人坐在野外火堆邊，溫馨的夜晚就在寫作和彈吉他中度過。

雖然我可以永遠像這樣，但收入也是必要的，這便是把我帶去照顧伊麗莎白的原因。在某些方面，她的情況令我心碎，**但我正在學習接受我們每個人都有不同的課題要學習**，對別人而言似乎是悲慘情況的，對當事人也可能是成長和學習的極佳機會。

解決我自己的問題教了我在學習中找到禮物，而我正透過我的過去找到了很多祝福。我發現許多美好的事物，這些禮物都是如果我在完美的家庭情況下長大，不可能有的。透過我所處的情況，力量、寬恕、慈悲、善良和許多其他的教訓都在我身上發生，所有這一切，我不僅感謝，也把我塑造成了更好的人。

照顧臨終的人也是一種榮譽。**透過他們的回憶和故事，我自己的生活獲得了改造。在這樣**

一個時代，接觸到他們在自己身上發現的洞見是令人難以置信的禮物。我已經把從客戶處學習到的道理，實施到自己的生活中，不必等到我也在臨終床上的時候，懊惱同樣的事情。我每到達一位新客戶的家門，便再度進入一個全新的學習世界，每個家庭是個不同的教室，無論是哪種情形，我都吸收了很多。

伊麗莎白不是老婦人，大概只有五十五歲。過去十五年來，她一直酗酒，即將死於相關的疾病。我剛到的那天早上，她還在休息，她的兒子把他家的情況和她的病情告訴我。他也解釋了他家人決定不告訴她已不久人世。

「哦，老天，」我想。「我又碰上這檔事了。」

我很渴望改善自己和保持內心平靜，所以我總是盡可能地活在當下。依伊麗莎白的情況，我意識到這將是走過這段日子的唯一途徑。如果她問我她是不是快死了，我當時就會處理，而不是懷疑該如何處理。她有可能永遠不會問——但我不會騙她。

混亂和絕望包圍了伊麗莎白，她家人把所有的酒都從家裡清空了，鎖在車庫的櫃子裡，他們想喝的時候就自己去倒。由於她生病快死了，他們決定把酒從她身邊完全移走，這是讓我心碎的事情之一，她反正快死了，那麼為什麼要讓她經歷戒酒的痛苦呢？但是話說回來，這又不是我的生命，也不是我的決定。

我很小的時候就在別人身上看過何謂酗酒，後來在餐飲業、在島上和旅遊時工作，我接觸得更多。酒精不會把任何人最好的一面帶出來，不但會毀滅他或她的善良，也會毀滅家庭、友誼、事業和接觸到酒的兒童的天真。其他藥物成癮也是這種情況。**唯一真正把任何人最好的一面帶出來的是愛。**

不過酗酒也是一種疾病，雖然這是可以治療的病，但患者需要持續而有愛心的支持，才能打破模式，並且開始相信自己和他們可擁有美好生活的潛力。讓長期酗酒的人忽然戒酒，又沒有愛的支持或解釋，對我而言是件很可怕的事情。

伊麗莎白所知道的就是她生病了，她的能量已被耗盡，她幾乎什麼事情都需要援助，而她的胃口也正在消退。她也極度渴望酒精。她家人只告訴她，醫生說她要離開酒精「一段時間」。我得用些力氣才能不評斷他們，尤其是當我看到他們經常把酒偷偷灌入自己的身體，而拒絕一個垂死的女人喝兩口。不過，我又有何資格來說她生命的教訓是什麼呢？

伊麗莎白的虛弱體質，不允許她出外廝混，這家人也禁止她的一些朋友來探望，因為他們也酗酒。這樣，看到伊麗莎白陷入絕望和混亂也就不足為奇了，她所有的樂趣都被剝奪了。

六、七個星期後，她的力氣消失得更顯著了，對休息的需求也增加了。伊麗莎白相當風趣，而且不唐突，在一些最意想不到的時刻，她會忽然冒出非常露骨的幽默。有時候，她說的一句話會在我下班回家後浮現腦海，而我想到她時會微笑起來。

我們已經彼此喜歡對方了，也在她生病的限制內，建立了可行的生活例行公事，其中之一是我們每天早晨在日光室共飲一盞茶。那是房子裡最好的房間，在每年此時，照進來的陽光舒服無比。一天早上在日光室，我們之間的關係提升到了新的水準。

「布朗妮，妳覺得我為什麼沒有好一點呢？我不喝酒了，可是我還是一天天虛弱下去。為什麼呢？」伊麗莎白問。

我直接而親切地看著她，用兩個問題溫柔地回答。「妳覺得是什麼原因？我相信妳先前想過這一點？」我很溫柔地跟她講，但需要先知道她的思路。

「我不敢說我在想些什麼，」她嘆了口氣。「問題太大了，我抓不住。可是，我心裡頭反正知道答案。」

我們沉默地坐了一會兒，看著窗外的鳥，陽光把我們兩個都曬得暖暖的。「如果我問妳，妳會告訴我嗎？我真的需要有人誠實以告。」她說完，我愛憐地點了點頭。

「是我想的對不對？」她問，但問題幾乎沒有講完。我等待著，把愛傳給她，看她想不想繼續。她繼續說：「哦，上帝，是我想的那樣。」她說，嘆了口氣回答自己。「我要死了，是不是？蒙主寵召。駕鶴西歸。往生極樂。還是不管是什麼。要死了！我要死了。我是對的，對不對？」她現在知道了，心頭一時苦樂糾結。我慢慢點了點頭。

我們兩個靜靜地坐著看鳥，直到伊麗莎白準備再講話。那可等了段時間，但我已經習慣與客戶保持舒適的沉默了。他們有這麼多要思考和吸收，以致有時談話可能只是礙事，沒有必要在這樣的時刻填補沉默，他們準備好就會講的。一段時間後，伊麗莎白開口了。

她說，她懷疑是這樣有段時間了，她對家人如何缺乏誠意也感到挫折。剝奪她的朋友和社交生活很殘酷，她說，對此我有點同意。伊麗莎白明白，她不夠強壯到走出房子的程度，但她喜歡不時見到她的朋友。有時會有認識的人路過探訪，她家人認可和信任不會帶酒來的人，他們讓人愉快，她說，但是沒有親密感。

一旦我們到達了這個誠實的水準，我們的談話便暢流無阻了。沒有再隱瞞的時間了。因此，伊麗莎白和我發現彼此一天比一天更享受對方的陪伴，經過多年如此退縮後，我現在常常讓自己驚訝，怎麼這麼輕鬆就能表達個人的想法。伊麗莎白在死神已到她家門口之際，也喜歡我們不斷開放地交流。她最初的反應是對家人隱瞞事實感到憤怒；最後，她的態度轉變為接受事實。她表示，她家人控制的行為可能是基於恐懼，為此，她能夠原諒他們。

然而，她無法假裝不知道她快死了，就在我某個放假日跟他們解決了這事，讓她家人大大鬆了口氣，因為他們都不必告訴她這件大事。我聽到這個也很高興，不必因我的誠實而導致任何人憤怒，但是他們仍然維持原有的作法，她的酒友只能透過電話與她聯繫。

不過，伊麗莎白進展得很快，接受了現況，但卻不認命。雖然她不願向她家人承認，但向我承認，把那個圈子的朋友真正聚起來的原因很可能只是喝酒。我根據自己的經驗，告訴伊麗莎白幾年前，當我脫離吸大麻世界時，我的友誼如何發生巨變，我整理出了誰是我真正的朋友，誰僅僅是因為我們一起吞雲吐霧而混在一起。有些人我認為是很要好的朋友，其實要不是我跟他們一起飄入太虛幻境的話，跟我在一起一點也不舒服。那並不使任何人變成壞人，但是，當我停止在那個世界混，我看到有些人跟我的鏈結只是大麻而已。

「我真希望跟我的朋友保持聯繫，我真正的朋友，」她說，這對我來說已是老生常談。「喝酒讓我脫離了那些圈子，十五年了，幾乎沒什麼可以讓我跟老朋友連接上的，他們都搬走了。」

我們討論獲得探訪許可的人時，伊麗莎白說，她不會真的叫他們「朋友」。我們談到這個詞有時用得有多麼鬆散，而朋友又有如何多不同的層次，我最近開始把一些我自己的「朋友」認定更像是比較熟的點頭之交，這並不意味我比較少想到他們。他們仍然是我生命中的福氣，但我已經到過自己心中的幽暗處，明白了什麼是真正的朋友。要有很多點頭之交十分容易，我也因為那些人在我們彼此的生活中扮演了愉快的角色而愛他們。不過，到了緊要關頭時，不會有多少人肯與別人一起撐到最痛苦的時刻，那些肯的才是真正的朋友。

「我想重點是在正確的場合有正確的朋友，」伊麗莎白思考著。「我根本就沒有處理這個場合的朋友，我離開人世時的朋友。妳知道我的意思嗎？」

我同意她的話，與她分享一段我非常清楚的記憶，那時我經歷了像在正確的場合沒有正確的朋友這樣的情況，讓我悵然若失，只不過那個情況完全比不上她的情況嚴重。由於這段記憶，我肯定可以理解，友誼和交往有不同的層次，而有時我們渴望的是一種特定品質的友誼，而不是隨便什麼人都算。

島上的歲月之後，我在歐洲一家印刷公司短時間工作。我的同事是好人，我也感謝生命提供我這個機會，讓我的世界更加開闊。

我在歐洲交了新朋友，雖然在事後，我現在會把他們稱作愉快的點頭之交。透過這些人，我最後踏上了橫跨幾個國家的旅程，與其他三個年齡相仿者去義大利的阿爾卑斯山。我們在阿爾卑斯高山上租了一間小木屋，沒水沒電，那裡漂亮極了，地形和我心愛的澳洲完全不像，澳洲風景有自己的壯麗，但絕對不同。所以，我發現阿爾卑斯山美麗得讓人喘不過氣來。

每當我找到勇氣在冰冷的河流或海洋中游泳，事後我總覺得有點好玩，有點像狗洗了澡之後那樣。牠們衝來衝去跟瘋了似的，全都發狂而精力充沛，不管牠們享不享受洗澡。那就有點像在冰寒的山澗洗澡，後來讓我感覺愚蠢得可笑。

當我弄乾身體、穿好衣服，返回木屋後，有點興奮嬉鬧得頭暈。我發揮好意的幽默，自己高興不已，跟新朋友分享傻事，但卻感覺到我的笑話他們都完全聽不懂。他們露出擔心的微笑，立刻告訴了我，他們是在想：她為何這麼興奮哪？他們不解的面孔更加讓我忍不住大笑，不過至少我很享受那些笑話就是了。

他們是幸福而可愛的人，只是我們文化的幽默是如此不同。瞬間，我在痛苦的渴望中懷念起我的老朋友，他們要是聽了我說的，不但會了解裡面的愚蠢，還可能早都跟我一起前仰後合了，另外還加上他們自己的笑話，把一切變成更大的笑聲。

後來我們登了一下午的山，直攻山頂後，那天晚上圍坐在燈筒的光旁，邊吃邊聊了一會兒，那感覺很好。不過沒多久，每個人都去休息了，除了我以外。登山的經驗讓我很驚奇，我內心仍在翻騰。真的，我想做的只是跟朋友坐在一塊，大家開心笑笑，結束夢幻般的一天。

我當然還不想睡，但是，現在小屋裡一片安靜，我的朋友都睡了。我帶了燈筒進我的小房間，把它放在桌上，接下來的兩個小時用來寫東西。我聽到遠方鈴聲篤篤，是牛隻在夜裡走動。我幸福地微笑起來，心想我就在這裡，一座漂亮的小木屋裡，在高高的阿爾卑斯山上燈筒光旁邊，邊寫東西邊聽遠方牛鈴的聲響。那距離我自己的世界有一個世界遠，而此刻周遭的平靜雖將我淹沒，卻使我非常想念我的老朋友。

那是個完美的夜晚，但是跟我在一起的人不對。有很多理由去喜歡此行的每一位朋友，我也喜歡他們，但我自己正經歷一個非常特殊的時刻，想要與正確的人分享，與真正知道我的朋友分享。當然，這永遠不會發生，所以我只好獨自回味此刻的幸福。

當伊麗莎白說她希望周圍有正確的朋友時，我知道她在說些什麼。有時就是有些特別的人了解你，不管了解些什麼——而他們都是老朋友。我在阿爾卑斯山的那晚，對我就像是那樣，而伊麗莎白開始接受她的生命即將結束，對她就像是那樣。

當醫生前來訪視，我私下問他，如果伊麗莎白仍然喝酒，會不會對她的狀況造成任何影響？他搖了搖頭問：「不會，她反正現在已經在家療養了。我告訴她的家人，如果她晚上想喝點白蘭地，就給她喝。他們這麼做了嗎？」我搖搖頭。他重申，現在不會有什麼影響了。

後來我向她的家人悄悄講這事。不過，那已是全家的決定，他們確定不會給她任何酒喝。事實上，他們簡直不敢相信她現在又是怎樣一個讓人開心的人了，因為他們至少已有十五年沒有見到她的這一面了。

在接下來的幾個星期，如果她提起的話，我問了她更多有關她的飲酒習慣。伊麗莎白說，一樣多，雖然她現在仍然渴望酒精，她也有點高興，能夠記得酒精控制她的生活之前她是誰。喝酒開始得很容易，她總是在晚餐時與家人喝幾杯葡萄酒，多年下來沒有什麼問題。

然後，她積極參加社交活動，加入各種慈善機構的董事會。她承認，透過這些場合遇到的很多人一點也不飲酒過量，但她被那些大量飲酒的人吸引過去了。她不再感覺在家裡受到注意，卻感覺她的存在對這些新朋友是重要的。現在她的感覺更清晰了，她才意識到，他們其實跟她一樣困乏，全都需要透過這個圈子的朋友和他們的飲酒來獲得肯定。

伊麗莎白說，酒精給了她信心，或者當她喝醉時，她認為酒精有此效力，但她變得直言不諱、火爆，終於容不下別人，讓大家避之唯恐不及，這是使她失去原來的老朋友的原因。他們曾試圖以愛和支持打動她，努力幫助她看到自己的衰落，是他們看著心痛的事，但她對他們都很傲慢，終於把他們一個一個地推走。

但這只是向她醉醺醺的心證明了，她的新朋友對她有多麼忠誠，因為他們不會根據她的飲酒習慣評斷她。當然，這是因為他們也喝的關係，那些年裡，她用來對自己肯定飲酒無罪的其他推理，是至少家人注意她了。雖然那可能不是種積極的方法。

伊麗莎白的能力由於酗酒而下降，她的家庭便必須幫助她，而她也終於開始覺得糟糕，一切是從她享受他們的注意力開始的。但最後，她變得無法幫助自己，而這種失控的情況讓她感覺現在的她更不安全而負面。因此，在早期的日子裡，她可以看到她對家人不重視她的存在或意見感到受傷，最後，她又變得真正依靠他們，為此恨她自己，這只是更加延續了低自尊的惡性循環。

「妳知道，並不是每個人都希望恢復健康，布朗妮。我有很長一段時間身體不好，病人的角色給了我一個身分。很明顯，我是在以這種方式限制自己不要做一個更好的人，但這樣我得到了注意，我試著愚弄自己，以為這樣可讓我勇敢和健康。」伊麗莎白這番告白是一個現正登上智慧快車的女人的後見之明，停止喝酒將近三個月，又面臨她垂死的事實，使她產生極大的改變。

了解伊麗莎白酒癮完整而誠實的故事，也幫助我更加了解她和她的家人。最後看來，他們嚴厲的行動實際上已經幫助她再次成為一個更好的人。雖然我可能不會以這樣封閉而祕密的方式做這件事，但我尊重他們真的是想幫她和他們自己，而且他們這樣做成功了，雖然他們成功的一部分也是靠伊麗莎白自己。面對死亡使她用非常不同的眼光看生命，而她已勇敢地擁抱了她的學習。

在她最後的兩個星期，我見到了伊麗莎白和家人之間展開了一些非比尋常的癒合。最美麗的事情之一是，透過安寧療護，我學習到永遠不要低估任何人的學習能力，我在伊麗莎白身上親眼目睹她找到的平靜，在我以前的客戶身上也見過，這是非常可喜的事情。

她去世前一星期左右，我與她的丈夫羅傑和其中一個兒子談到伊麗莎白失去老朋友的遺憾，同時想知道，跟他們中的一些人聯繫會不會為時已晚，即使他們只是在手機上講個話。

一、兩天後，兩位美麗、健康而可愛的女士來到伊麗莎白的房間，就在我扶她坐起來、舒適地提供她一些茶之後。其中一位住在城外的山上，大約一小時車程的距離，另一位一聽到消息，已經從昆士蘭州的陽光海岸飛來墨爾本。現在，她們圍坐在伊麗莎白的床邊，手牽著手，面帶微笑，與她交談。

我離開房間，讓她們私處一會，我也好靜靜流下喜悅的眼淚。不過，正當我這麼做時，我聽到伊麗莎白向她們兩位道歉，而她們也立即寬恕了她。一切都過去了，不要緊了，她們說。

羅傑和我坐在外面廚房，我們兩個也淚眼汪汪，但心裡是喜悅的。兩位朋友待了幾個小時，那段時間伊麗莎白既興奮不已，又筋疲力盡。她瞬間陷入深度睡眠，我回家前沒有機會與她聊天。當我兩天後回去，她非常虛弱，但想講話。

「那不是很美妙嗎？哦，再次看到她們的臉。」她高興地微笑。她已無法把頭抬離枕頭，隔空看著我在對面坐在她旁邊。

「是很美妙。」我告訴她。

「不要跟妳最珍惜的朋友失去聯繫，布朗妮。那些接受妳本來面目的人，還有非常了解妳的人，最後比什麼都更值得。這是一個有經驗的女人的肺腑之言。」她輕輕堅持著，病奄奄地微笑看著我。「不要讓生活阻攔了妳，要隨時知道到哪裡可以找到他們，同時讓他們知道妳欣賞他們。也不要害怕自己脆弱會受傷，我不想讓他們知道我是如何亂七八糟，結果浪費了一些時間。」

伊麗莎白已經原諒自己，也能夠放下自己的評斷了。她找到了平靜，也找到了她的朋友。

當她最後一個早晨到來，我正濕潤她的嘴唇。她的嘴已不再正常分泌唾液，也沒什麼能量了，但還是掙扎著想講話。我處理好後，她看著我微笑，然後嘟噥出聲道謝。我看著她，還以微笑表達相同的感激之情。然後，我吻她額頭，握著她的手一會兒，她回握我的手。

房間裡滿是愛她的人，她的家人都在，幾天前我見過的兩位愉快的女士也在。我向後退了幾步，讓她被那些她曾經最愛的人包圍著。

伊麗莎白及時讓愛走回她的生活，體會到家人和真正的朋友的價值。她離開這個世間時四周包圍著愛，知道她的存在已經受到極大重視，而她的朋友也都知道她愛他們。

15

哈利

放自己一馬

「一輩子裡面，朋友會來來去去。
這就是為什麼我們應該趁他們在這裡的時候珍惜他們。
有時候，你完成老天要你學習或分享的東西，正是透過彼此。」

純就工作而言，照顧哈利是我做這一行最輕鬆的時候了。他不僅是個精彩的人，他的家人也堅持要做一切事情。哈利的五個女兒有三個住在同一郊區，大多數日子會送來他的主餐，他有一個兒子也堅持要自己照顧爸爸。但我詢問他們需不需要我在那裡，他們都向我保證，他們肯定希望我在那裡。

不過，這意味著我的大部分時間是花在閱讀或寫東西上面。在已經乾淨整潔的家裡面，就那麼一位臥床的屋主，要做的家務自然不多。不過，我偶爾會在廚房熬些美味的羹湯。

哈利眉毛濃密，耳朵毛茸茸的，紅紅的臉上露出誠實的笑容。我們立即喜歡了對方，在會面的第一分鐘，我們彼此講了個笑話，從一開始就簡單自然地相處。

不過，他的兒子布萊恩情形就不一樣了，他非常非常緊張。哈利和布萊恩多年前即已失和，雖然他們還保持接觸，但兩人之間的聯繫已經變調。其餘的家人解釋說，那是布萊恩的過錯。那麼多年前我不在那裡，我也沒經歷過哈利或布萊恩的人生，所以我不知道。無論如何，這對我並不重要，但很明顯，布萊恩堅持他父親主要由他照顧，以彌補失去的時間。

布萊恩打斷我幫助哈利的任何企圖，現在，我輕易就能為客戶找到合適的位置，讓他感到舒適。這是一種直覺，許多客戶表示過，家人常常出於善意重新安置枕頭和支撐物，不能體會到病人的身體在這個時候是多麼的敏感，而些微調整便足以消除他們僅有的那點舒適。

當他的兒子每天不情願地去工作幾個小時，我會做的第一件事是讓哈利再舒適起來。從字面上看，如果白天有一點點時間，我可以不被他的兒子追趕出去，讓我服侍他，哈利要我做的第一件事便是趕快調整他的枕頭。

不過每個下午，我們在家人全部抵達吃晚飯前，有幾個小時在一起。其實他們的父親已經幾乎不吃東西了。這些時刻很美好，哈利親切地稱作「平靜時光」。我照顧他身體的需要時，我們會邊聊邊笑，通常接下來我們會喝杯茶再聊。

哈利二十年前喪妻，但調適得很好。他享受工作，退休後加入了幾個體育和社交俱樂部，變得更加忙碌，雖然他的病已是末期，但在此之前，他一輩子健康狀況極佳。

「我尊重老天賜給我健康這禮物，」哈利告訴我。「我保持活躍，不相信那些『我還剩多少年所以應該這樣做或那樣做』的說法。很多人讓自己提前衰老，妳知道吧。」

儘管哈利是個垂死的人，但仍是我所見過最健康的八十歲老先生。病痛肯定開始折磨他了，但他先前身強體健的證據仍然很明顯，比如按摩他的腿時，肌肉彈性仍然可以感受得到。

「等你退休，你的孩子都已為人父母，朋友就更重要了，」哈利說。「所以，當我妻子去世，上帝保佑她的靈魂，我加入了賽艇俱樂部。後來又加入了叢林俱樂部。我不知道我怎麼還有時間上班！」

哈利非常相信大家庭的重要性，祖父母是孩子們生活不可分割的一部分，應該給予足夠的機會讓他們共度時光。從他與每天探訪他的孫子之間的關係，很明顯可以看出他對他們全都有非常積極而親密的影響。

「我把家庭擺第一位，但你也需要與自己同齡的人，要不是我透過俱樂部交了些朋友，我會是個非常孤獨的老人。我不會因為缺少人陪我而寂寞，我有孩子和孫子，但是少了我這年齡志同道合的人，可是另一種寂寞。」

我們在他的房間裡聊天幾小時，直到夕陽發出警告，平靜時間轉眼即逝。家人很快就會再來，但哈利總想盡量談話，他說，他不明白為什麼人們常常太晚體會到朋友的重要性。同時，雖然老人想辦法在家庭保持愛和受尊重的地位，是美好的事，但他難過的是，這麼多老人一路上沒有留些時間給朋友。

「等他們意識到這一點為時已晚，」他堅持說。「但是，這不只是我這一代，我看著年輕的一代，他們這麼忙碌，被生活綁得這麼緊，拿不出一點時間給自己，做些自己喜歡的事情，他們完全失去了自己。跟朋友相處會讓他們想起，他們不是媽媽、爸爸、外婆、外公的時候是誰，妳明白我在說什麼嗎？」

我同意他，我也見過很多人走上這條路，我說，我見過有些人只給自己一點點時間，但是非常快樂。他們也是比較好相處的朋友。

「沒錯！」他大笑，拍著床大表同意。「好的友誼激勵我們，友誼最棒的地方是，朋友根據我們共同擁有的東西，接受我們的本來面目。友誼講的是以你的本來面目獲得接納，而不是做出別人希望你的模樣，好像伴侶或者家人那樣。我們必須保持我們的友誼，我親愛的姑娘。」

從定期前來探視哈利的訪客來看，很明顯，這個人並未誇大其詞。他的朋友都是喜樂快活的人，帶來很多喜悅，不過，他們同樣尊重他的病情，接受有時他在休息，不能受到打擾。某天下午，哈利問我自己的友誼怎麼樣。於是，我一五一十地跟他講我親密的朋友，又解釋我其他的一些友誼最近如何改變了，就像我在改變一樣。

「嗯，那也是自然的，」他說。「一輩子裡面，朋友會來來去去。這就是為什麼我們應該趁他們在這裡的時候珍惜他們。**有時候，你完成老天要你學習或分享的東西，正是透過彼此。**但別人會保持距離，當你到了路的盡頭的時候，那段過程和了解令人欣慰。」

在談話中，我們一致認為，女人處理友誼的方式和男人有很大的不同。女人比較看重友誼的情感面，就是說，友誼隨著談論很多感性的東西而成長。他說，男人的友誼也需要談話，但他們一起做事情的時候，最容易建立友誼，例如打網球、騎自行車或者做一些活動。男人享受他們可以做事情、解決問題的友誼，無論是有形的問題還是情緒的問題，而這經常在他們活動時最容易產生。

哈利一邊與我分享他最喜歡的一些登對故事，一邊增強仍然存在的友誼。每天，可愛的朋友來看望他，他們自行排了探病表，好讓他不會累倒。這樣，大家還是有機會與哈利相處，這真是忠誠又美好。

我倆都認為，透過這些平靜的時光，我們的生活都接受到一份新的友誼。他說，他知道我一天剩下的時光是在房子的另一邊，只是閱讀或寫東西時，讓他感到沮喪，因為我大可在他的房間聊天。我完全同意他而大笑，但他明白，布萊恩需要彌補過去，一心想協助父親，這我也明白。

哈利不想讓布萊恩背負任何內疚，雖然不幸的是，他相信布萊恩仍然會內疚，所以很樂意隨他去，讓他的兒子覺得在他們最後的幾週感受到需要。「即使他連枕頭都放不好。」他嘆了口氣。

哈利對他的病情以及未來很達觀，他已把他的生命發揮到淋漓盡致，他說，他已經準備去看死後有些什麼。雖然我們有時會談論他即將過世的事，但他仍把許多談話帶往朋友的主題：對朋友的回憶、他們的價值、他們對我們獲得幸福和接受的必要性。他還鼓勵我跟他分享迄今我最喜歡的友誼的回憶。

「從妳的童年開始，我們來聽聽妳從哪裡來。」他說，聽到我的故事從小麥圍場這樣的農村背景開始，禁不住高興得笑起來。

我十二歲的時候，我們家已經從養牛、種苜蓿的農場，搬到養羊、種小麥的農場。那裡距離城鎮好幾公里，在壯闊的天空下。大約一年後，我的第一隻狗突然消失了，那時牠七歲。我們想，牠可能被蛇咬了，因為我們再也找不到牠。這並不令人意外，因為農場如此之大，不過這對我來說是再嚴重不過的事了。幾個月後，家人給我買了另一隻狗，是隻小小白白的瑪爾濟斯犬，經常忽視牠當看家犬的職責，反倒整天在圍場四處追趕牧羊犬、邊境牧羊犬和科皮牧羊犬。

我高中三年以及其後最親密的朋友是菲奧娜，雖然她住在城裡，但我們大部分時間花在農場上。我有時住她城裡的家，特別是當我們大了一點，有男朋友的時候。不過，多年來把菲奧娜和我連結在一起的主要原因之一，是我們喜歡走路，我無法計算在過去幾十年的友誼中，一起走了多少里路：海灘、熱帶雨林、城市街道、國外、荒野小徑，任你想像。這一切都始於在小麥圍場走路。

我的狗和其他幾隻狗通常會跟我們一起走，轉個身看到一兩隻貓跟著也不奇怪。我們可以清楚看到大狗在麥穀的最上方露出頭，跟在大狗後面，小麥中會出現一條動線，是小狗盲目追著大狗跑出來的。然後每過一會，動作會停止下來，接著一顆小白頭彈出來，像潛水艇望遠鏡從水裡面冒出來似的四處張望，直到牠發現其他的狗。這會持續很長的時間，每當結束時，我們看到小白頭彈出，環顧四周，菲奧娜和我都會爆出歇斯底里的少女傻笑。我們的臉頰笑到發痛，淚水順著臉流下，我們靠在對方身上，掃瞄到小狗又彈出來前，捂住彼此的嘴，然後笑得更大聲一倍。最後，我們連站都站不穩。

分享這個簡單但珍貴的記憶，瞬間把我帶回友誼的價值中。哈利和我一起笑了起來，我忍不住懷念我與菲奧娜分享的那些青春的純真，以及無憂無慮、肆無忌憚的笑聲。「她現在在哪裡？」哈利問。我繼續解釋說，她現在在國外，我們已經失去了聯繫。

生活繼續滾動，現在我的生活中有了其他和我更接近的人。其他因素也影響我們的友誼：其他的人、還有我們的品味和生活方式逐漸分歧。哈利同意我們不能活回過去，但也許生活會再次把我們的路途帶到一塊。我已經觀察到許多生命的週期，同意這是可能的。但無論哪種情形並不重要，我珍視這段回憶，祝福菲奧娜一切安好，為我們曾經共享的學習和友誼默默感謝她。

我下週將離開哈利，自己去健行一番。我登記參加健行活動時，沒有把握我走完以後，哈利是否仍然活著，所以我一方面非常期待出城，一方面也因要離開他有點傷心，不曉得我回來時他會不會還在這裡。不過，當我告訴哈利我在做什麼時，他全心全意地同意我去，熱切地說，不管他那時是不是還活著，都會與我的精神同在。

健行是在一個偏遠地區，每年舉行，總是在相同的湖邊結束，只是，每次走不同的支流。健行的概念是讓參與者有機會醫治地球，我們走過古代文明踐踏過的路徑，那時，河流就像高速公路，至少也是通衢大道，部落在那裡生活，沿著河岸步行，從一個地方到下一個地方。大家先參加煙霧潔淨儀式，一位原住民長老為我們祝福，然後我們上路，連走六天。

每多一個足跡，與地球的聯繫便增加一點。雖然我很喜歡偶爾停下來休息，享受一段交談，但我覺得獨自走樂趣更多，而我的步伐反正也讓我最適合這樣走。獨處的時間，只是走著，也非常適合再次尋找自己心裡的清明。

一路上，我們發現了古代人的雕刻，樹齡超過數百年的宏偉紅橡膠樹也令人嘆為觀止。這些樹上有複雜的雕刻，還有巨大的凹陷，是古人把樹皮挖下，製作獨木舟留下的遺跡。這些古人的證據，既令人心碎又鼓舞人心，而他們的部落早已不留痕跡了。某些地方的能量也強大到難以置信的地步，而我終於明白了為什麼這是個以療癒為目的的健行。

經過整整六天的步行，走了約八十公里，我們終於到達終點，一身疲倦，但興奮不已。我向其他健行同伴道別時，悲傷湧上心頭，但更大的悲傷是健行已經結束了。翌日，我又環著乾湖走了五個小時，因為我就是還無法脫離步行的模式。幾天後，主辦單位以一種與辦健行同樣崇敬的心情辦了個小型音樂節，所以，我留下來等音樂節，然後才趕回墨爾本。

幸好哈利尚未過世，所以我能夠多陪他一點時間，不過，在我離開的這十幾天，病魔已接收了他的身體，我看他十分憔悴。他腿肌的彈性已經全然失去，而他的大圓臉現在也因皮膚鬆弛而變得瘦削，但他仍然是哈利，那個令人愉快而美好的人。

布萊恩想要照顧父親的心大大增加。他比以往都更加有控制欲，每天下午最多只肯離開一個小時。我很感激哈利和我在我離開前享受了那些平靜時光，因為這些時刻幾乎已經沒了，除了布萊恩的強迫性行為外，哈利也睡得更多了。

不過天意難違，一天早上，布萊恩意想不到地被叫走了，不得不忍痛把照顧權交給我。慶幸的是，那時哈利正在腦袋最清楚的時刻——不過最清楚也不怎麼清楚了。但他人還清醒，至少有一點能力講話。

應他要求，我告訴他關於健行所有的事情，以及我不在時對自己產生的見解。他也問到其他參加健行的人，以及他們在自己身上注意到或我注意到的任何積極的變化，可分享的東西很多。

「那妳這個星期在朋友方面做了些什麼呢，布朗妮？」他用衰弱的聲音詢問。「妳把多少時間給了妳的好朋友呢？我想知道這個。」

我笑他堅持講這個話題，說我有很多時間等以後再趕上其他朋友，現在我想要和他，哈利，一起享受我的時間，哈利可也是我的朋友哩。

「這不夠，我親愛的姑娘。妳現在做的，就是別人做的。當然，妳已經學到，必須也為妳安排些時間。去找一些平衡，挪點時間定期跟妳朋友在一起。做這個呢，要為自己多做點，甚至比為他們還要多做，我們需要我們的朋友。」哈利看著我，一臉嚴厲的警告味，但我們都知道他這堅持背後有份愛。

他是對的，我需要保持一段時間經常與朋友見面，而不是把所有這十二小時輪班的工作做完後，才趕上他們。儘管我熱愛這項工作，有時也與客戶和他們的家人分享精彩的笑聲，但我生活的世界是相當嚴肅的，在垂死的人和他們悲傷的家屬身旁工作，需要一些輕鬆的平衡，而這只有朋友可以提供。我的生命缺少喜悅，只有到現在我才能夠對自己真正承認這一點。

「哈利，你說的對，」我承認。他微笑著把雙臂伸起，等我擁抱。我彎身靠向床上擁抱他，臉上帶著微笑。

「那不只是與妳的朋友保持聯繫，我親愛的女孩，也是給妳自己一份禮物，要他們陪伴妳。妳明白這一點，不是嗎？」他用口眼同時問我。

我懷著堅定的信念點頭，回答說：「是的，哈利，我懂。」一會兒後，我離開讓他休息，心裡很感激他說的這番話，以及我們直接而誠實分享的想法。

幾天後的晚上，哈利在睡夢中升天，壽終正寢了。他的女兒打電話來通知我，並衷心感謝我。不過，正如我對她說的，哈利也給了我很多，認識他讓我很高興。

「給妳自己一些時間和朋友共度。」我還聽得到他說。那位粗眉、紅臉、笑容燦爛的可愛男人所說的一切，言猶在耳。

16

羅絲瑪麗

我希望讓自己活得更快樂

「我們有選擇專注在什麼上面的自由，
我盡量選擇積極的東西，像是認識妳，
像是做我愛做的工作，
不要處在達到銷售目標的壓力下，
以及感謝我的健康每一天都能活著。」

作為一家全球性公司的高階主管，羅絲瑪麗是個超越她時代的女人。早在婦女讓人見到扮演此類型的角色很久以前，她已經登上事業高峰了。不過在此之前，她一直按照那個時代的社會期望生活，而且很早婚，不幸的是，進入婚姻後她遭到身體和精神虐待。她在一次家暴後幾乎斷氣，於是永遠脫逃的時間到了。

儘管那是離開婚姻非常有效的理由，但離婚在以往仍然是個醜聞。因此，為了確保她家在家鄉眾所周知的名聲，羅絲瑪麗搬到城市另起爐灶。生活已經使她的心和思維方式硬化，自我價值和家庭認可改由透過她在男性主導的世界的成功來獲得。再進入婚姻的考慮從來沒有劃過她的腦海，取而代之的，羅絲瑪麗以激烈的決心、高智商、大量艱苦的工作爬登事業階梯，直到她成為她那州第一位獲得高階管理職位的女性。

羅絲瑪麗習慣告訴別人做什麼，相當享受她那恐嚇的方式給予她的權力。這種行為後來延續到她對待看護的方式，她用了一個又一個，從來沒有對任何一個滿意，直到我到來為止。她喜歡我，因為我有銀行業的工作背景，在她眼裡，這讓我不會成為一個傻瓜。這種思維方式肯定不會使我產生共鳴，但我也沒有什麼好再證明的，所以我想她可以用任何方式評斷我，只要她高興。畢竟，她已經八十幾歲，就要升天了。後來她堅持把我留下來當她主要的看護。

早晨的情況特別壞，她總是懷著專橫的情緒，很難應付。我現在已有很強的自我意識，會容忍到一個程度，但有其極限。當羅絲瑪麗有一天心情變得特別討厭並直指我個人，我給她下了最後通牒，要親切一點，否則我便離開那裡。對此，她坐在床的一側尖叫著要我走，走出她房子，口裡講著比以前還要惡劣的話。

她對我尖叫的時候，我只是走過去坐在她旁邊。「那走好了。滾出去。」她不停地叫喊，指著門。我只是坐在那裡看著她，懷著一片慈心，等待她爆發，然後情緒消退。接著是一片沉默，我倆坐在那裡一分鐘左右，什麼也沒說，只是近到可以互相扶著的程度。

「發完了嗎？」我問，輕輕地微笑著。

「暫時發完了。」她激怒起來。

我點點頭，一言不發。沉默繼續著，最後，我只是把我的胳膊繞著她，親吻她的臉頰，走出廚房，幾分鐘後返回，手上捧著一壺茶。羅絲瑪麗仍然坐在相同的位置，看起來像是迷路的小女孩。

我幫她起身離開床，移到她房間的長沙發。茶正等在沙發旁邊的桌子上。羅絲瑪麗坐著，我把一條可愛的毯子放在她腿上，她抬頭看著我微笑，然後我也坐下。

「我這麼害怕，這麼孤獨。請不要離開我，」她說。「我覺得跟妳在一起很安全。」

「我哪兒也不去，沒有關係。只要妳尊重我，我會在這裡幫妳。」我真誠地告訴她。

羅絲瑪麗微笑得像個需要愛的小女孩。「那麼請留下來，我想要妳留下來。」

我點點頭，又在她臉頰上吻了一下，這讓她綻出一朵巨大的微笑。

從此刻起，我們之間的情況立即開始轉好。她談到她的過去，這幫助我更了解她，她也談到她怎麼不停把人攆走，我早已在自己身上見到那種模式，以及打破那種模式的好處，因此我解釋說現在讓人進來，尚為時不晚。羅絲瑪麗說，她不知道怎麼做，但她想嘗試對人好一點。

她的病控制她的速度雖然緩慢，但肯定有影響，病情每天蔓延著，特別是她愈來愈虛弱這方面。起初，這個變化很慢，羅絲瑪麗仍然偶爾拒絕真相，但我能見到這情形。她一下子計畫要我幫她收拾書，一下子要我把她所有的投資卷宗整理好，對我詳細地講這個講那個。我只是聽著，知道這些永遠不會發生。

羅絲瑪麗解釋說，她打算如何和我花幾個小時做這一切，等她有力氣的時候。我以前見過這種情形，人們會一直為未來做計畫，而同時他們的力量一天天消失。

她還堅持要我幫她和城裡的人約會談事情，非要見到我在她臥室裡撥打電話，好讓她聽到我說的每一個字並不斷插嘴，控制整個談話。然後，我必須一個一個重新安排所有約會，不可取消。無可否認，羅絲瑪麗就是有控制性人格。

一天一天地，可以見到她情緒的高牆日益瓦解，而我們愈來愈親近。羅絲瑪麗的親戚住得不近，不過會定期打電話。不少朋友是常客，以前的生意夥伴也常來。不過大多時候，她家相當安靜，有座可愛的花園，可讓我們一起享受。

一天下午，我在收拾衣服被單，羅絲瑪麗從附近輪椅上看著我，要我停止哼歌。「我恨妳隨時都快樂，總是哼著歌。」她可憐兮兮地宣布。我做完手上的事情，關上衣櫃門，心裡感覺很有趣，轉身看著她。「嗯，這是真的。妳總是哼著，總是高興的樣子。我希望妳有時候很悲慘。」

羅絲瑪麗發出這種觀點，太典型了，我絲毫不驚訝。我並不總是興高采烈，但是當我高興的時候，她就有把柄呻吟了。不過，碰到這種情形，我口頭上不會回應，只是看著她，然後踮腳轉身，向她吐出舌頭，大笑地離開房間。她愛我這樣，因為當我不久後走回房間，她露出惡作劇和接受的表情對我微笑。此後她再也沒有以這種方式譴責我樂觀的心情。

「妳為什麼快樂？」不久後的一天上午，羅絲瑪麗問我。「我的意思是，不只是今天，而是一般的情形。妳為什麼快樂？」我想著這問題微笑起來，想到我經歷過多少事，現在到達了甚至可以接受這樣一個問題的程度。

「因為快樂是一種選擇，羅絲瑪麗，而且快樂是我每一天所試圖選擇的。有些日子，我沒辦法，和妳一樣，我的生活也很艱苦，跟妳的情形不一樣，但仍然很艱苦。但我不成天怨天尤人，一下說這裡不對，一下說自己多辛苦，我努力在每一天找到福氣，盡我所能享受當下的時刻。」我誠實告訴她。「我們有選擇專注在什麼上面的自由，我盡量選擇積極的東西，像是認識妳，像是做我愛做的工作，不要處在達到銷售目標的壓力下，感謝我的健康以及每一天都能活著。」羅絲瑪麗微微笑了笑，邊吸收我的話，邊專注地看著我。

不過，她不知道的是，就在我照顧她時，我也正在處理自己的疾病。前一段時間，我動了個小手術，後來醫療專家打電話告訴我結果，說他們懷疑必須進行另一個更大的手術。我告訴他我會好好想想。

「沒什麼好想的，」他堅決地說，「妳必須動這個手術，不然妳可能活不過一年。」我再次告訴他我會好好想想。

透過我的身體，我已經學習到很多東西，這並不奇怪，因為身體是我們儲存過去的地方。我們所有的痛苦與歡樂都以某種方式在身體內體現，我以前曾經透過治癒各種痛苦的情緒，想辦法減輕了自己的小毛病，所以我認為現在出現了一個療癒自己的好機會，是天賜的超大禮物。我要從這個角度來看我的病，此時不容有任何其他人的恐懼阻撓這個療癒的旅程。勇於表達自己的情緒，釋放一些來自非常深層的東西，變得更加重要，而事情肯定轉向黑暗了一段時間，很多過去的東西已從深處浮現。

在某個階段，事情變得如此困難，情緒上如此痛苦，以致結果我想讓病魔把我帶走，一死了之。當我不得不認真深思整個生命，接受儘管我再努力，我還是可能死於這場病，無法安享天年，我突然找到了驚人的平靜。我體會到自己已經過了令人難以置信的一生，已經有勇氣來履行自己的心願和天命，讓我得以正視死亡，並接受任何結果。這番接受之後出現的平靜真是美好。終於，我達到了一個階段，覺得最糟糕的狀況已經過去，我正在恢復健康的道路上。

有人提供了我一個看房子機會，地點在一座雜亂的小平房，平房覆蓋在藤蔓底下，隱藏在高高的圍欄背後。那裡是相當富裕的郊區，但幾乎是隱形的，我喜愛它。浸泡在浴缸裡對我一直是救星，這所房子裡有個巨大的浴缸。在這樣一個契合的環境，我決定做果汁禁食，因為我以前做過許多次，外加幾天的沉默和冥想。

客戶或朋友常會承認，早在他們處理身體毛病以前，已經知道有什麼地方不對勁。但我見識過了一旦失去健康，生活會變得多麼無品質，所以已經學會了從我身體的任何跡象，儘快並盡我所能地做出相應行動。健康可提供驚人的自由，而一旦消失，往往是一去不復返。

我在平房所做的沉思之一，是從我最近買的一本書所得的指導。不過，達到這一點有很多階段，而很多工作已經完成。這本特別的書是在觀察我們細胞的智慧，它們如何一起工作，並提供指導，要求它們把疾病從體內根除，這是在細胞層次的療癒。所以在晨間，我坐在冥想墊上，陷入心內深深的、平靜的地方。我照著觀想和要求，要我的細胞把我最後一顆病細胞都清除掉，如果我體內還有的話。

我所知道的下一件事，是我朝廁所跑，狂噴猛吐。那些東西來自我身體最深的地方，我持續吐了好半天，直到我感覺體內絕對沒有任何東西留下。我坐在地板上筋疲力盡，靠著浴缸，發呆等待著，看會不會還有更多嘔出來。它又冒出來，然後冒得更多，直到最後，一切都靜止了，我撐著浴缸站起來，因為我已吐得虛脫。我的胃也因反覆嘔動而疼痛。我慢慢走回冥想室，感覺變成了個新人，躺在柔軟的地毯上，拉條大毯子蓋在身上，蜷縮成胎兒姿勢，足足睡了六個小時。

傍晚光線照進了房間，初夜寒意輕輕把我涼醒，躺在那裡窩在溫暖的毯子下，看著美麗的光照耀進來，我感覺自己好像是個新的生命。我發出感恩的祈禱，感恩那把我療癒到這個程度的指導和勇氣，對自己微微一笑。我的身體還因當天的事件有點虛弱，不過，隨著我變得更具機動力，晚上能起來做事，身心隨之洋溢著欣悅。準備禁食後輕食時，我的臉快樂得痛起來。事情過去了。

我的身體已經痊癒了，此後多年，疾病沒有復發的跡象。雖然我很尊重每個人選擇自己的醫治方法，無論是透過外科手術、自然療法、東方傳統療法或者西藥，我已經為自己選擇了正確的方法。這次讓我使出了渾身解數過這一關，但我做到了。

不過，我從來不認為與我的客戶分享這個故事是合適的，因為我所用的方法是透過我自己的生活經驗，花了近四十年的準備，經過好多個月才療癒的。提供他們虛假的希望不好，而等我認識所有這些人的時候，他們已經太接近疾病和生命的末了了。

所以，當羅絲瑪麗問我，為什麼我總是哼著歌，露出快樂的樣子，那是因為我剛剛經歷了一個自製的奇蹟，感到非常的有力量和受到祝福。

羅絲瑪麗想要快樂，那天稍晚她對我說，但不知道怎麼樣能快樂。「嗯，只要假裝快樂半個小時，也許妳會享受到它真正快樂的地步。臉上擠出微笑就可以改變妳的情緒，羅絲瑪麗。所以，妳要不要半小時不皺眉頭、不抱怨、不說任何負面的話。反之，說好的東西，如果必須的話，把心思集中在花園上，但記得要微笑。」我指導她。我提醒羅絲瑪麗，我對她的過去一無所知，所以她現在可以做想做的任何人。有時快樂需要有意識的努力。

「我從來不覺得我有資格快樂，妳知道嗎？我的婚姻破裂，玷污了家族的名望和聲譽。我怎麼高興得起來呢？」她誠心地問，令我心碎。

「妳要讓自己快樂，妳是個美麗的女人，妳值得知道什麼叫幸福。讓妳自己快樂，選擇讓妳自己快樂。」羅絲瑪麗的障礙，是我過去知之甚詳的，我提醒她，如果她允許的話，她家人的意見或聲譽只會搶走她的幸福，用一些幽默讓她的心情比較輕鬆，幫助幸福流動起來。

起初羅絲瑪麗雖然有點猶豫，但開始讓她自己快樂起來，每天多放下一些警惕，往往分享一個微笑，終於偶爾成為笑聲。每當她的舊情緒翻上來，開始毫不客氣地命令我做事情，我會只是笑著說：「我不這麼認為！」她不會變得更加粗魯，而是會大笑，然後再親切地請我做事，我也愉快地不多囉唆照辦。

不過，她的健康每一天衰退一點，已到了她自己都發覺到的地步。當她繼續講她要怎麼做給我看怎麼處理她的書時，我若沒有附和她，她也不再顯得那麼困惑了。

如果我花太多時間在其他房間做事情，她會叫我回去陪她，因為羅絲瑪麗現在是在她臥室的一張醫院病床上，因此她自己的床空在她旁邊。醫院的病床是必要的，因為她已無法自行下床，醫院病床的液壓系統也讓她不必折斷我或夜間看護的背就坐起來，當除了陪伴她以外沒有其他職務可做時，我便躺在她的舊床上跟她談話。羅絲瑪麗側臥最舒服，這樣可讓她少費些力，對我也相當舒適。

一天下午，我們正躺著說話時，羅絲瑪麗問我死亡像什麼，實際死亡的部分。其他客戶也提過這問題，我猜這就好像人們問別人在各種事情上的經驗，例如孕婦問其他婦女分娩是什麼狀況，或者旅人會問其他旅人某個國家是什麼樣。但是，在這種情況下，一個垂死的人不能問死者死亡是什麼樣，所以他們往往會問我的意見，以及我經歷了些什麼。我總是誠實地告訴他們史特拉微笑而去的故事，我也與他們分享，我所親眼目睹的這些生死轉換，如何都在很短的時間裡完成。史特拉的故事總是為他們帶來了平靜，就好像我當時感受的一樣。

在現代社會中，治療垂死的人或任何病人時，放在他們的精神和情感福祉上的著力是如此之少，除非快走的人有福氣待在一個重視這些方面的中心，否則他們通常只好自己去想這些事情。這對他們是非常可怕的，也是很孤單的。臨死的人有這麼多的問題，這麼多可以在他們的生命早得多的時候詢問的事情——要是他們考慮過有一天會死的話，而這是我們全都會碰上的一天。如果問得早一點，這些經過更深沉思考的問題將可讓人們早些找到自己的答案以及平靜。然後，他們將不必出於純粹的恐懼和驚怖，生活在拒絕接受死亡已接近的心理狀態中，而這是經常發生的情況。

不過，羅絲瑪麗再也無法否認她已接近死亡的時刻終於到來，有幾次她只想獨自一人。「好多東西要思考。」她這麼說。

一天晚上，夜幕籠罩大地不久，正當我回到她的房間時，她宣布：「我真希望我讓自己過得更快樂點，我一直都是這麼個可憐的人。今天早上我跟妳一起大笑的時候，我體會到根本沒有必要為了快樂而感到內疚。」

我坐在她的床側，聽她繼續講。

「這真的是我們自己的選擇，是不是？我們可以因為認為自己不配，或者因為我們允許別人的意見成為我們自己的一部分，就停止讓自己快樂。但那並不是我們自己，對不對？**我們可以成為我們允許自己成為的任何人。**天哪！為什麼我沒有早一點想通這一點？真是浪費！」

我關愛地對她微笑。「嗯，我也在那個地方待過，羅絲瑪麗。但溫柔和慈悲是對待妳自己比較健康的方式。無論如何，妳現在已經清楚了，至少妳最近已經讓一些幸福進入妳的生活，我們已經過了一些美麗的時光。」

羅絲瑪麗回顧我們曾經嘲笑的事情，然後笑著同意，並再次發現自己心情愉快起來。「這些天我開始喜歡自己了，布朗妮，我這比較輕鬆的一面。」

我微笑說我也喜歡她的這一面。「哦，我可不是個女暴君嗎？」她呵呵笑，回想起我們在一塊的最初幾週。

不過，我們之間並不是只有笑聲，我們也有分享悲傷和溫柔心情的時刻，我們握著手一起哭，知道什麼在等待著她。不過，至少羅絲瑪麗在她的最後幾個月經歷了一些快樂，她曾經綻出這樣美麗的笑容，我仍然可以看到它。

在她的最後一個下午，肺炎已經占據了她，她的喉嚨滿是濃痰。幾個親戚已經到了，還有幾個可愛的朋友。雖然她的告別不完全是我見過最流暢的，但是短暫得讓人難以置信，這位親愛的女人已搬到別處去了。

當天下午該來的是社區護士，她大約十分鐘後抵達。羅絲瑪麗的親友們在廚房裡講話時，護士和我清理她的遺體，然後為她穿上一件新的睡衣。護士先前沒有見過羅絲瑪麗，我們照料她的身體時，她問我她是怎麼樣的一個人。

我看著我可愛的朋友的遺體，以及那張現在躺著永遠沉睡的平靜的臉，不禁微笑起來。我們下午一塊躺在鄰床上的記憶又湧現腦海，羅絲瑪麗大笑、擺架子給我臉色看的影像，也一閃而過。

「她很快樂，」我如實回答。「是的。她是個快樂的女人。」

17

凱思

幸福在眼前

因為我們永遠不會擁有我們想要的一切，
且會一直成長，
所以欣賞一路走來已經有的，是最重要的事情。

我所有的客戶中，凱思是迄今為止最富哲學味的一位。她對什麼都有意見，但不是盲目的意見，而是非常有見識的意見，身為愛好知識和哲學的人，她在她的五十一年裡吸收了大量的學識。

凱思仍然住在她出生的房子。「我母親生於此，死於此，我也要這樣。」她堅決地說。她也是位沐浴愛好者，所以我倆頭兩個月談得最好的時候通常是她在洗澡、我坐在旁邊的凳子上。我也喜愛泡澡，所以下定決心要幫助凱思盡可能泡在浴缸久一點。不過一段時間後，她已經變得比較虛弱，甚至在我的幫助下，力量不夠進出澡缸，摔跤的風險也太高了。

當凱思知道她已泡過最後一次浴缸，她哭了起來，眼淚落入水中。「什麼都不行了，現在是洗澡了，」她放聲大哭。「然後就是走路。然後，我連站都站不起來，然後就是，我自己走了。什麼都不行了。我的生命接近尾聲了。」哭聲很快就成了抽泣，刺痛而無法抑制。

儘管我的心為她感到難過，我自己的眼淚也差不多要冒出來，但看到人能如此真實地釋放自己的情緒，也很好。

凱思從靈魂深處哭了一缸子淚水，當似乎淚已盡，她靜靜地坐在浴缸中，因抽泣、盯著水面或在表面畫畫而筋疲力盡。然後，一切又會重新開始，每個抽泣來自比前面更深、更原始的地方，她為曾經留在她心裡的每一個傷心的記憶而哭，為她失去的所有的人而哭，為她離開世間後會失去的所有的人而哭；尤其是，為她自己而哭。

每當我嘗試離開，給她一些隱私，她都會搖頭要我留下來。所以，我坐在凳子上，把愛意傳送給她，一句話也不講，只是在那裡陪著她抽泣。那令人心碎，但同時也很健康，知道她正在從這麼深的地方放下。

當半個小時又過去了，水愈來愈不熱，我提議加些水。凱思搖了搖頭。「不用加了，沒有關係，時間到了。」說著她便拉起塞子，看著我等我扶她出浴缸。不久後，我把她扶進輪椅，推入陽光下，她包在淡藍色的長袍和火紅的拖鞋中，人似乎很平靜。

「聽那鳥叫。」她微笑起來。我們靜靜坐著，任鳥兒歌聲取悅，當我們聽到牠的伴從更遠的街道上的樹木答唱，不禁笑得更開心。「現在每一天都是一份禮物，妳知道嗎？每一天總是一份禮物，但只有現在我才慢了下來，真正看到老天每天賜給我們的那樣多的美好。我們可以理所當然地拿這麼多。聽。」從幾株附近的樹木，響起不同風格的鳥曲。

凱思說，她如何看到了感恩是多麼強大的力量。我們總是太容易想從生活中要到更多，她說，這在一定程度上還好，因為擴大我們自己是夢想和成長的一部分。但是，因為我們永遠不會擁有我們想要的一切，且會一直成長，所以欣賞一路走來已經有的，是最重要的事情。生命走得這麼快，她說，不管你活到二十多歲、四十多歲還是八十多歲。她是對的。每一天本身就是一份禮物和祝福。無論如何這就是我們所有的，我們所處的時刻。

在過去二十多年裡，我持續寫感恩日記，每天結束前，我寫下幾件讓我很感激的事情。往往有很多事情值得感恩，但偶爾，在我最黑暗的時刻，我掙扎著想不出任何值得感恩的事，情緒耗竭已經把我磨損到這樣的地步，甚至找到祝福都好花力氣。然而，我始終堅持下去。即使我好不容易才會得到讓我感激的事情，像是乾淨的水、睡覺的地方、填我肚子的食物、陌生人的一個微笑或者一隻歌唱的鳥。

但是，正如我向凱思解釋的，雖然我在晚上睡覺前會寫下讓我感恩的東西，但我仍然訓練了自己好一陣子，才建立了在事情發生的時候，也總是產生感恩之心的習慣，尤其是複雜的事情。至少，這是在創造一個新的習慣，在每個禮物賜下的時候默默祝禱感謝。

「那麼，如果妳一路都感恩，我敢肯定，妳會收到很多祝福吧？」凱思問。

「當我允許它，凱思，當我記得我自己的價值，並且讓它自然流出，那麼是的，我生命中肯定有一些很大的福氣。有時候，我就是必須先走出我自己的方式。跟每個人一樣，當我心懷感恩，自然流出感恩心的時候，福氣到我這裡來的也更多。」

凱思聽了我的理論大笑表示同意。「是的，它是希望流向我們。但是，如果沒有感恩，並允許它流過，我們便阻擋了它，我想。大多數人都沒有意識到他們的生活有多好，我也很長一段時間沒有。但幸好我在疾病發作以前已經開始處理，好讓我能夠生活在自己心內更美好的地方。」

在傍晚時分，凱思的前女友路過來打招呼。她們之間沒有不快，他們十餘年前分手後，一直是很好的朋友，那是一種和善而相互尊重的友誼。其他訪客也經常來，包括凱思的兄嫂和姪子，還有她的弟弟，有些鄰居每天來看她，朋友和同事有機會也會來，她是挺受人關愛的女人。

從凱思的訪客分享的各種故事聽來，她非常投入工作，但對每個人通常都保持正面態度。現在，與任何快過世的人一樣，她喜愛訪客告訴她，他們現在的生活怎樣，以及在她的圍欄之外的世界發生了什麼事。當臨終的人不再能夠自己活在這個世界時，他們似乎樂意聽取每一樁從外面傳來的新聞。朋友和親戚往往不知道該說些什麼，但聽到外面的生活可以讓一個人保持在事件中心，這對他們來說是正面的，不是負面的。

凱思肯定也是這種情形，她希望盡量聽到快樂的事情，不過，這對訪客很辛苦，因為他們往往為即將失去喜愛的人而傷心欲絕。因為我們溝通無礙，所以我幾乎能和凱思談任何事。因此，應她的朋友蘇的要求，有一天我談到了她的訪客的情緒。

蘇每天都在為朋友拚命保持積極樂觀，而她所想做的，其實只是每次來訪時哭得傷心欲絕。蘇告訴我，她怎麼坐在車上，每次入內探訪前把心情調整得堅強而快樂，等探訪過了，又會坐在車裡哭得心肝俱碎。

「我猜想得到是這種情形，」凱思後來承認。「我只是不知道我能不能在自己的悲傷之外，再處理蘇的悲傷。我也沒辦法承擔太多。」

「但是妳不必擔呀，」我說。「就讓她誠實表達自己，在她分享她的感情時，不要改變話題。她需要說點什麼，妳需要做的就只是讓她說。妳也不必承擔這些情緒，她不是在要求妳這麼做，她只是需要告訴妳，她是多麼愛妳，而她表達的時候沒辦法不哭，而妳不讓她這麼做的話，她也沒辦法表達。」

凱思明白我來自哪裡，她說她覺得為大家製造這麼多悲傷讓她感到很無力，幾乎讓她尷尬。

「天哪，凱思，在妳生命的這個時候，驕傲還真的這麼要緊嗎？」我直接問，但語調親切。她用大笑答覆我，我又說：「只要把事情攤開，讓別人來告訴妳，他們是多麼愛妳。」

凱思對我笑了笑，默默坐了片刻，然後回應。「前一段時間，我體會到我的病很嚴重，逐漸學會了接受我的感情，不要排拒它們。情緒如果冒出來，我現在就讓它們冒，這就是那天在洗澡時，我怎麼能夠在妳面前放聲大哭的原因。我已經學會接受我當下的感情，不排斥它們，不阻止它們，它們反正只是我的思想和心靈的副產品。我知道把心思專注在更好的東西上面，去創造新的感受，是有可能的。但那些已經在我心裡頭的是目前的我的一部分，最好釋放出來，而不是一路擔下去。然而，妳看看，我反而不尊重別人的感受了，拒絕、阻擋他們誠實地表達內心。」

凱思對自己搖了搖頭，嘆了口氣。想了片刻後，她看著我微笑說：「我猜現在是我要勇敢的時候了，我要讓他們的眼淚也流下來。」

我點頭同意，提示她事情在接下來的場合仍然可能輕鬆，但目前從她的朋友和親戚積聚起來的情緒需要分享。他們愛她，他們需要能夠說出來和表達這一點，縱使這意味著有時要透過眼淚。

不久之後，凱思和她的訪客之間出現許多催人淚下的交談，但由此流出的愛非常鼓舞人心。心給打開了，雖然這些心有些地方破碎了，但它們也正透過隨著愛的表達流動的深情而療癒中。

在一個特別淚眼婆娑的一天，最後一位朋友剛剛離開。她們邊留下悲喜交集的淚水，邊彼此講著笑話，直到朋友走出她視線。她走了以後，凱思張開一雙洋溢愛意的眼睛看著我。「是的，讓感情出來，接受它們，是很重要，那對我的朋友們也很健康。這也將是他們美好的回憶，他們不會因為擔負不需要擔負的東西而有所阻塞。」

我享受著她的分析，理解地點點頭。在我黑暗的日子，我終於能夠跟我的感情分開，意識到它們只是我的痛苦或喜悅的情感表達，並不是真正的我。和大家一樣，我心裡帶著靈魂的智慧，但是要知道真實的自我，那居住在我內心的神聖智慧，我必得讓我的感情先流出來，如果不這樣，它們會總是阻擋我達到我在這裡真正要成為什麼人的潛力。所以我喜歡聽凱思得到類似的結論，但以她自己的話語表達。

她已枯瘦如柴，隨著她體重繼續下降，不消多久整個人便開始看起來像病人。「我的時間要結束了，我不能忽視這些跡象，這是肯定的。」一天早晨她坐在馬桶上時宣布。

很多與客戶的對話是發生在他們早上坐在便攜式廁所上，而我坐在附近時發生的。他們正在排便的事實從未真正走進我們的意識，這僅僅是日常生活的一部分，沒有必要讓這種事情擋住一段良好的談話。

後來我幫凱思上床，我同意，的確，種種跡象都指向她的時間快結束了。

一旦回到床上安頓好，她說，「我這輩子怎麼過的，我一點也不難過，因為我已經從我所做過的大部分都學到了。但是，如果我要做什麼不一樣的事，只要再有機會，我會讓更多的快樂進來。」

我聽到她這些話有些不解。到現在，我當然聽其他客戶講過這些話，但凱思似乎是個幸福的人——嗯，就一個快要死亡、過程中你的身體感覺十分糟糕的人而言，那樣的幸福。所以我問她這話是什麼意思。

她解釋說，她愛她的工作，然後告訴我，她如何過分強調結果。她曾為陷入困境的青少年提案，並且相信做出貢獻對令人滿意的生活至關重要。

「我們每一個人都有才分與人分享，你的工作是什麼不打緊。要緊的是，你努力做出自覺的貢獻，希望創造一個更美好的世界，」凱思闡述。「事情會改善的唯一途徑是我們全都體會到心連心、手連手。沒有什麼好事是可以獨力做成的，但願我們能學習為所有人的好而共同努力，而不要因彼此競爭和恐懼而互相作對。」

儘管凱思現在筋疲力竭，大多時間臥病在床，但她仍然有很多話要說。我懷疑，哲學家會是她離去的最後一部分（這我頗能接受）。我把乳霜擦上她的胳膊和手，她繼續講著。「我們都可做出積極貢獻，我已做出貢獻。但是，當我在尋找生命中的目的時，一路上忘了讓自己享受一下，我所關心的就只是找到一直在尋找的結果。然後，當我確實找到我愛的工作，我可以衷心貢獻的工作時，仍然一心在結果上。」

她的幸福是基於最終的結果，在到達那裡的過程中並沒有享受。我評論說，我們沒一個人可以完全免掉這個毛病，包括我自己在內。

她繼續說：「沒錯，但這樣一來，我就剝奪了自己潛在的幸福。努力尋找人生目的以及對世界作出貢獻，肯定是很重要的，但讓你的幸福取決於最終的結果則不是做事的方法。一路上最好每天保持感恩，體認現在是接納和享受幸福的關鍵，而不是在結果來臨或當你退休時，或當人生終點的時候。」

凱思嘆了口氣，因她熱切的爆發而疲累不堪，但需要有人聽到她的話，通常情況下是如此。我聽了她的話，然後分享了我對她的想法的理解後，調整好毯子，然後去廚房泡茶。我從花園切了些新鮮的香茅，想著凱思的話。其他將死的人說出的非常類似的話也浮現我腦海。當鳥兒歌唱，現在在茶壺中的香茅香味飄蕩過廚房，很容易就感覺完全活在當下而感恩。

凱思想放鬆一下，聽我講話，問我住在什麼地方。我笑一下，解釋說，這是任何一個朋友打電話給我時會問的第一個問題。「這些日子妳在哪裡？」是我的耳朵很熟悉的話。於是我告訴凱思我早年漂流的種種，近年看顧房子的經歷，以及我最近力量怎麼開始減弱而難以過這種過渡式的生活。

在看顧房子的工作之間與一些朋友住在一起後，我最近向一個熟人租她空餘的房間，雖然我十分感謝她的善良，讓我不必每隔幾個星期就搬家，但那裡仍舊是她的領域。因此，那裡從來不讓我真正感覺像家一樣，長期而言也不理想。

這意味著這個情況會再次強化我對自己的空間的渴望，自從我上次擁有自己的廚房和居家空間以來已將近十年，這個願望每天持續增加。凱思說，她已經在同一個房子住了五十一年，怎麼也無法想像這樣的生活。我說，我也無法想像她的生活，即使我再次渴望自己的空間，但我有一部分會永遠喜愛漫遊一下。不過現在，我想擁有一個安定的基礎，然後從那裡去旅行，而不是每次腳一發癢想漫遊，都要搬動我的整個大本營。

凱思同意變化的確是生活的一部分，她笑著說，我如此經常改變我的生活，正好幫助平衡了那些不動的人，就好像她一樣住在同一所房子半個世紀的人，我們都咯咯笑起來。我們的生命是如此不同，但卻共享非常強大的聯繫，這是由於我們倆都愛哲學。

凱思想知道我最後如何進了安寧療護這一行，當我談到我在銀行界的多年生活，她感到很驚訝。她驚奇地說：「噢，我完全無法想像。」

「我也無法想像，謝天謝地。」我大笑。回想起那個時候，我也很感驚訝，到底一個人一生可以有多少經歷，其實我根本很難想像自己在那個世界，更別說在那裡這麼久。「絲襪、高跟鞋和制服一直讓我很不自在，凱思，那種固定的生活也是。」

「考慮到妳此後所選擇的生活，我並不感到驚訝。」她呵呵一笑，然後變得比較嚴肅，問我打算繼續做這項工作多久，以及我還有沒有任何其他的工作願望。我心中感覺無須對此話題避而不談，我最近已經學到了誠實的重要，能夠自由地談這個話題感覺很奇妙，最近我心中縈繞著很多這方面的事情，和凱思談出來幫助我釐清了一些思路。

過去十二個月以來，在監獄教寫歌的想法浮現在我腦海中。我對監獄系統一無所知，但這個想法卡進了我心裡。這段時間這個種子繼續緩慢生長，最近我聯絡上一位很棒的女士，她照顧我，又引導我探索尋找資金的可能性。

「是的，回去生活吧，布朗妮。妳在這裡做的是美好的工作，而且顯然是妳來這裡的一部分目的，但它有時一定很累人。」凱思堅持說。我告訴她我如何從一開始在這一領域工作到現在已經將近八年，感覺心裡面有些東西在轉變，承認我如果繼續下去確實可能會碰壁。我快把自己燒完了。

無可否認，我熱愛這項工作，而且仍然熱愛。但我也想在也許能帶來一點點希望的地方工作，為有機會成長和在死亡前大大改變他們生活的人工作。完全在一個創意領域工作的願望也一直在增長，還有就是一旦我再找到自己的生存空間，希望能夠在家工作。

聽到自己大聲講出所有這些想法給凱思聽，為這個過程賦予了感受得到的能量。在我知道之前，在監獄教學的想法愈來愈占據我的腦子。我為護理工作的時間即將結束，這勢在必行，我幾乎已經付出我可以付出的一切。

凱思在過世前不久，出現迴光反照，似乎變好了幾天。我之前見過這種現象，於是趕緊打電話給她經常的訪客前來陪伴她，因為她即將轉入最後的下坡路。他們中有些人探病後質疑我，因為她看上去很棒，她的能量得到了改善，這似乎是一個人病了這麼長的時間後，老天偶爾給予的祝福，它可以幫助我們在病魔接管前，記住他們舊時的生命火花。

笑聲從凱思的房間響起了兩天，她講著詼諧的笑話，並與親朋好友清楚地享受美好的時光。不過，當我翌日到她那裡，我看到的是個垂死的女人，幾乎沒辦法口頭回應我。

朋友來來去去，離開時表情鄭重，知道他們剛剛向親愛的凱思做了最後的告別。在第三天結束時，顯然她無法熬過這一夜，所以，當我的班上完後，我和凱思的兄嫂留在那裡。夜班看護從來沒有見過屍體，我留下讓他大大鬆了口氣。回想自己前些年身處那個位置時的情形，我看到自己走了多遠的路，我根本無法預見我會以這樣私人的方式會見這麼多美好的人，也沒想到會有這樣的福氣學習到這麼多。

過去幾天，凱思的止痛藥已經改由靜脈注射，因為她已不能呑嚥固體錠劑。安寧療護護士在傍晚抵達，再注射一些。凱思已不再清醒，講話也不連貫。

「這是最後一次了，」她告訴凱思的哥哥和我。「她反正過不了今晚了。」

我們輕輕地感謝她，我送她出去，在門口說再見時，護士告訴我：「她一個小時內就會走了。」這個角色有這麼多的喜悅和悲傷：道別和放下的悲傷；結束他們苦難的快樂；分享我們的愛的喜悅。過程總是苦樂參半，總有一些眼淚緩緩流下。

凱思無法再等一個小時，就在我走回她房間時，她去世了。她的呼吸只是放慢，然後停止。看著她躺在那裡，那美麗的精神現在到了其他地方，我掛著眼淚微笑著，仍然聽到她的聲音在我的腦海中響起——「不要老是待在快死的人身邊，讓一些喜悅回到生活裡面。」是她前一天早晨對我的臨終耳語。

我的眼淚迸出來，我讓它們流著，站在她床邊。「旅途愉快，我的朋友。」我的心默默說。

她的兄嫂繞著床，每人給我一個深愛的擁抱，淚眼婆娑。然後如她的家人所願辦了手續，接著，我回頭看凱思的身體最後一眼，這個我曾經洗浴和按摩這麼多次的身體，但凱思不再在那裡面了，她的靈魂已經上路。不過，她仍然在我的心裡，我輕輕微笑，向她和她的家人做最後的道別。夜間看護也道了晚安，然後上路。我最後一次走出凱思的家，寧靜的郊區街燈明亮地照耀著，我把門在身後拉上關好。

我每經歷了一次死亡告別，都對世界產生一種超現實感。我的感覺會加深，覺得自己是從別的地方觀察世界。當我走上電車的梯子，我幾乎沒有察覺身邊有人。外面的世界溜滑過去，我坐著想著凱思和我們共享的美麗時光。

當電車停在紅燈前，我看見大笑的人走進餐廳。那是個風和日麗的黃昏，我看到來來往往的人臉上盡是快活。我疲累的眼睛微笑著，觀看這樣的幸福跡象。接著，從電車裡面發出的聲音，被劃開一段時間後，嚮進我的耳朵，聽到的也盡是愉快的談話，那只是空氣中洋溢著幸福的夜晚。雖然我的夜晚肯定是悲傷，但也有幸福，因為認識了凱思。

別人發出的歡笑聲與我起舞，為我帶來自己的幸福。隨著電車再次上路，我望著窗外，思想起那些善良的人和我眼中的人的心。感謝溫暖了我自己的心，忍不住微笑起來。

我沒有想過去或未來，幸福在此刻，那就是我所在的地方。

18

萊尼

觀點的問題

「不要擔心小事情，那沒什麼重要的，只有愛重要。
如果妳記得這個，
愛總是在的，那就會是個不錯的一輩子。」

我最後的客戶之一，也是讓我留下美麗而持久印象的人，是一個在安養院的可人兒。我每次接這種班的時候，心裡仍然多少不情願，每當我走進門，心情總是低落，見到這些人的情況讓我感覺傷心。因此，只有在絕對沒有私家客戶的工作在望時，我才接受這種工作。但我很樂於接這個案子。

我們見面時，萊尼已經接近要回到主的懷抱。他的女兒額外雇用了我，因為她知道安養院的正規工作人員都太忙了，沒時間給他她想要他受到的照顧。他一天裡睡的時間很長，接受幾杯茶，但拒絕所有食物。當他醒來時，會拍拍床側，要我坐在他旁邊，因為他沒有大聲說話的力量。

「我這輩子過得不錯，」他經常說。「是的，過得不錯。」

這當然是一個觀點的問題，並且強化了幸福如何定義是基於選擇，而不那麼靠真相的觀念。萊尼的生活一點也不輕鬆，他的父母在他十四歲之前都已經去世，在接下來的幾年，他的兄弟姊妹非死即散，直到他與他們全都失去了聯繫。後來他遇到了麗塔，他一生的摯愛，那時他二十二歲，兩人隨即旋風式結婚。

他們的婚姻帶來了四個孩子，他們的長子在越南戰爭中死亡，講到這他仍然搖頭不已。萊尼講到戰爭和戰爭的瘋狂仍然十分激烈，他說，他永遠不理解為什麼有人會認為戰爭可能帶來持久的和平。他分享他對當前世界形勢的瘋狂和悲哀的想法，我很快就看重這個可愛的人的智慧和哲學。

他們的大女兒嫁給加拿大人，並搬去那裡。婚後半年，她的車在一場暴風雪中失去控制，她就此殞命。

「一顆耀眼的明星，」他形容她。「她始終是一顆耀眼的明星，現在她永遠是了。」

在這個領域工作，我早就放棄了忍住眼淚。我愈坦率，我的情緒表達就愈自然，不用多想。我們投注太多的精力在保持表面上，但這一切的代價太高了。

誠實的情感有時也幫助了雇主的家庭，因為這讓他們的眼淚得以流下。有些人在成年後都不允許自己哭，我愈來愈倡導誠實，而當萊尼與我分享他的故事時，偶然也滴落眼淚。這個男人以及他講故事的方式有種美好的東西，我想這就是引發淚水的原因。

萊尼的小兒子後來對這個世界過於敏感，竟至罹患精神病的地步。在以前，這方面的社會支持系統尚未完善，如果家庭無法應付，病人便只好送進精神病院。萊尼和麗塔想把阿利斯泰爾留在家裡，給他一個充滿愛的環境，但醫生不允許。阿利斯泰爾的餘生在大量服藥的陰霾中度過，萊尼再也沒見他笑過。

他們剩下的女兒現在住在杜拜，她的丈夫在那裡從事建築業。我在安養院工作時，我們通過電話。她人很好，我們溝通無礙，但她無法回家探視父親。

他心愛的麗塔在年近半百時離開世間，距離阿利斯泰爾離開他們僅僅幾年。麗塔從接受診斷到離開人世，只有幾個星期，然而，眼前這個可愛的人告訴我，他這輩子過得不錯。我淚眼汪汪地問他怎麼會如此看待這種際遇。「我學到了愛，而那是愛，在所有這些年一天都沒有減少。」他說。

下班時，我發現自己不想回家，但萊尼總需要休息，我每天回來時，心中都祈禱他依然會在。從一方面講，這是件困難的事情，我知道他想要走了，再和麗塔及他失去的孩子在一起。基於這個理由，我希望他儘快離去。但為了我自身的成長和與他的聯繫，我希望他能夠再堅持久一點。

他做得很辛苦，太辛苦了，他說。但他的痛苦已經麻木了，他不知道有任何其他方式可以處理他的損失，在後來幾年，他在杜拜的女兒蘿絲建議下，曾經尋求諮商，並學會把一切說出來。談喪子之痛療效極佳，現在他能夠對生活暢所欲言，我告訴他，我很感激他能夠講出來。

他詢問我的生活，覺得真是迷人，一個年輕女子怎麼肯出售所有的物品，把東西放進車裡收拾好，就一頭開進新生活，腦袋裡對結果會如何毫無概念呢？而且她還常常這樣做。

我解釋，我的第一份認真的關係如何影響我的生活，當時經歷到的壓抑，似乎讓未知的生活形成誘人的邀請。當那份婚姻關係終於結束，我感到從未有過的自由感。我很年輕時便遇見他，所以不曾體驗成年生活的自由，那份關係結束時，我二十三歲，隨即開始做所有二十三歲的孩子應該做的——玩樂。

幾個月後，我開車六個小時參加朋友的婚禮，結果發現了自己的一部分，那感覺就像回家。簡單地說，我有一部分是屬於道路上的，而且總是會如此，長途駕駛對我而言是世上再自然不過的事了。從那時起，自由成為我最大的驅動力之一，我的決定大部分是基於它們將如何影響我的自由，而我依之塑造生活。當然，自由也可以在規律的生活中獲得，最重要的是心態。成為你自己的自由是最大的自由，無論你住在小鎮還是郊區。

萊尼說，很多伴侶認為他們擁有彼此。雖然在任何關係中肯定需要妥協和承諾，尤其如果涉及孩子時更是如此，但要保持自我意識，得由個人自己決定。他真正好奇地詢問更多關於我生活的事情，當我告訴他我想改行時，他也仔細聆聽。

「是的，」他說。「有很好的生活在等妳，布朗妮，不必把所有的時間都花在死亡上，回到和活人一起吧。」他是個可愛的人，我微笑著聽他的祝福。

麗塔過世後，萊尼停止上教堂，不是因為他不再相信神，而是因為聽不到他美麗的妻子在身旁唱歌的聲音，對他太痛苦了。現在，他很快要回到麗塔身邊了，而這是他所關心的一切。

安養院由一個基督教教派經營，那裡有許多志工和工作人員，其中一位叫做羅伊的男士，會輪流看顧院民，每天讀聖經給院民聽。幾個月前，他向萊尼提出這項服務，萊尼婉言拒絕了。此後羅伊曾堅持這麼做，多次提出這項服務，每次萊尼都禮貌地推辭。

現在萊尼已經日薄西山，沒有力氣再反對，於是羅伊每天下午過來讀些聖經段落給他聽，視為自己的責任。他讀了很久，即使一個致力於聖經研究、身體健康的人，每天在他單調的讀經聲結束時，也會不免厭倦，基於禮貌，羅伊讀經時我盡我所能地保持注意，但有時我也會打瞌睡猛點頭，並不是故意的。就像我說的，他讀很久可一點表情都沒有。

「我知道妳是個可愛的淑女，布朗妮，」萊尼有天在羅伊轉到另一間房後悄悄跟我說。「我知道妳喜歡把別人想得很好，但是，如果那傢伙再來這裡，我要一腳把他屁股從這裡踢到廷巴克圖去。」

我們大笑起來，完全明瞭羅伊將在明天同一時間過來。

「他的用意是好的，萊尼，當然這最要緊。」我回答。我們都為這情況輕笑起來。羅伊是個甜蜜的人，雖然他的用意很明顯很親切，但他所做的正成為一齣喜劇小品，每天下午他到達時，我們都知道接下來我們要接些什麼招。聖經的智慧話語，透過他單調、死氣沉沉的發表，真的給糟蹋了。

「至少你可以一路睡覺。」我打趣著說，萊尼向我點頭微笑。

日子一天天過去，其他工作也找上門，但我推辭了。如果可以的話，我想要看著這位美好的男士離去。我也覺得要對他的女兒忠誠，想到她的父親即將在另一個國家死亡，而他每天還要面對陌生人，一定很可怕。我也知道我很快會想念我們安靜的談話，在可能的情形下不想太早放棄。結果，那個時間很快便到了。

那是個忙碌的星期四下午，在那繁華的郊區，一切都很忙碌：道路、商店，然後我到達安養院。推著食物手推車的工作人員在走廊來來去去；醫生正在巡房；護士忙裡忙外，手上的工作遠超過負荷；坐在輪椅上的病患給推來推去，有些人的嘴角流著口水，茫然盯著空中——養老院這種悲劇性的場景，今天並沒有什麼不同。

像往常一樣，從我走進萊尼的房間那一刻起，就好像身處一個不同的世界。這間略帶幽暗的房間裡的平靜，從你進入的時刻就感受得到。從一開始就是這樣，我第一天就對萊尼這麼講，當時他笑了。

「是啊，這是個平靜的空間，但需要一定的人才感受得到。許多這裡的工作人員忙手忙腳地進來，完全錯過了房間的感覺。」

我後來發現到這事。不過，有幾個他的訪客是愛好平靜的人，他們也馬上感受到了，這很好。

我把椅子拉近萊尼一點，他躺著睡覺，我讀了一會兒書，但我心裡卻在他身上。一段時間後他動起來，看到我在那裡。他拍拍床，要我把手給他，我照做了。他面帶微笑，倒回去睡覺，時間一分一秒過去。每一會兒，他會動一下，我就給他喝一口飲料，或者只是親吻他的手。

「這輩子不錯。」他醒來時靜靜地從一片沉默中說：「這輩子不錯。」他又恍恍惚惚起來，我親切地看著他。我的心痛起來，淚水霏霏而下。我真不知道為什麼我不能做份不帶感情的簡單工作，有時，這份工作實在太痛苦了。但我知道，其他工作是沒辦法為我帶來人生的禮物的。

「嗯。不錯的一輩子，」他重複說，再次打開他疲憊的眼睛，微笑地看著我。看到我的眼淚，他擠著我的手。「不要擔心，我的女孩，我準備好了。」他的聲音幾乎是耳語。「答應我一件事。」

我想哭泣，但只是淚眼汪汪地微笑，這是那種不是真笑的笑容，只是有人試著要勇敢但沒有成功的樣子。「當然，萊尼。」

「不要擔心小事情，那沒什麼重要的，只有愛重要。如果妳記得這個，愛總是在的，那就會是個不錯的一輩子。」他的呼吸發生了變化，講話愈來愈難。

「感謝一切，萊尼，」我想辦法邊流眼淚邊講。「我很高興我們相遇了。」這些話似乎有點幼稚，因為我可以說和想要說的有這麼多，但最後，這些話卻以最簡單的方式傳達了我的感情，我俯身親吻他的額頭，看見他再度入睡。

我坐在那裡，讓眼淚自然流下。萊尼接下來幾個小時繼續睡覺，他有可能再也不醒過來。當我的眼淚枯竭了，我靜靜地坐在那裡，溫柔地看著他。然後，當然，羅伊走了進來。

我想笑，知道如果萊尼清醒的話，他會見到這個情況的幽默，但他沒有醒。而我大哭特哭，雙眼佈滿血絲，向羅伊露出溫柔的笑容，告訴了他，萊尼有可能再也醒不過來。

幾滴愛的眼淚再次緩緩流下，但淚水已不再是悲傷的洪流，不久便停緩下來。我想那是因為見到羅伊甜美的面容，知道他和善的意圖。

羅伊坐在床的另一側，他打開聖經，看著我等我允許。我做出一個表情，表示「嗯，你決定吧，但我認為他希望得到平靜」，他點點頭。

聖經繼續在他的手中攤開，但他沒有讀。我愛他尊重當下這虔敬的時刻，並不是他讀聖經沒有虔誠的意圖，但在現時這個神聖的時刻，這是沒有必要的。

萊尼伸手要我的手，他的眼睛仍然閉著。我站起來，把手給了他。他的呼吸卡答卡答響而不規則，我可以聞到對現在的我來說已經太熟悉的氣味，但這是不可能描述出來的——那是死亡的氣味。

萊尼接著張開眼睛，直直地看著我，微笑了。但那不是我所認識的隊友萊尼，那是萊尼和他充滿榮耀的靈魂。他的笑容裡沒有疾病，那是個脫離了自我和個性的靈魂的笑容。

這是純粹的愛，沒有其他，燦爛、輝耀而喜悅。

我的心爆開，誠實地回他微笑。我們都高興地笑著，知道最後一切只是愛。我從來不知道有這種絕對不羈的微笑，不論是對別人的還是接受別人的。中間沒有任何阻攔，有的只是純粹的喜悅。我們都笑到彼此喜氣洋洋，時間一時凍結了起來。

一段時間後，萊尼閉上了眼睛，他嘴唇上保持平靜的笑容。我自己的微笑也保留著，因為我的心打開得太多，停不住微笑。

兩分鐘後，萊尼走了。

羅伊從床的另一側看著，他的生命已經轉化。闔上聖經，他平靜地說，他現在明白神的愛看起來像什麼樣，覺得看到萊尼過世前的平靜，經歷了一個奇蹟。我同意，神以神祕的方式祕密工作。

羅伊和我默默再坐一段時間。我知道一通知工作人員，這一刻即將消失，但我不久便必須這麼做。當我們說再見時，羅伊握了我的手良久，試圖找到合適的話，但不確定該說什麼，或者清楚表達發生了什麼事。他似乎不願讓我走，彷彿如果他沒有我在那裡分享這個故事，他的氣球會爆開。

「我們已受到祝福了，羅伊。那是我們必須知道的。」我對他輕聲說。他抓住我，緊緊摟住，好像一個受驚的孩子，不想單獨一個人。「你會沒事的，羅伊。」

「我該怎麼向別人解釋這個？」他向我懇求。

「也許你不必解釋，」我笑著。「也許你得解釋。不管怎麼樣，如果你必須跟別人分享這個故事，剛剛給了我們那奇蹟的力量，同樣會幫你說合適的話。」

他搖搖頭，但露出喜悅的笑容說：「我的生命變得不一樣了。」我親切地對他微笑，我們再度擁抱。

當所有的文書工作處理好，我離開了安養院，現在萊尼的遺體旁邊有太多的活動，而我們已經共度了我們的時間。尖峰時刻的交通已經消退，傍晚的光線壯觀地照射在我走過的林蔭大道上，我的心是打開的，臉上帶著微笑。我愛上了一切和每個人。

是的，這份工作有其跌宕起伏，但再多的規畫或者資格，也不可能給我這個角色一次又一次賦予我的禮物。

我仍然感受得到這份愛的禮物帶來的欣喜，臉上帶著大大的微笑，喜悅和感激的眼淚從我臉上掉下來。

是的。這是不錯的一輩子，萊尼。這的確是不錯的一輩子。

尾聲
布朗妮

改變時期

我鼓勵她們透過寫歌展現柔軟的一面，
也讓她們逐步消除早先建立起來保護自己的情緒壁壘。
寫歌班變成學生非常私人而具療癒效能的空間，
我正是從這個療癒的角度設計課程。

照顧這麼多臨終者，讓我歡欣鼓舞也筋疲力盡。無數積極的改變在我的生活中展現，而我已準備好了，同時推行在女子監獄教寫歌的想法。

有很多相關的私人慈善機構的繁文縟節有待了解——哪些基金會有適合我的項目中的撥款準則，以及如何申請等等。我的努力在維多利亞州任何一間監獄並沒有成功，所以我決定嘗試新南威爾士州。我有個可愛的表弟也住在那裡，他願意提供我住處。

幾個月前才把我帶到她羽翼下的麗茲，在設定整個監獄計畫的過程中，提供我最大的幫助。她堅持任何事情都可以透過人際網路和連結正確的人完成，這讓我受到鼓舞。我想起許多客戶的話：好事無法獨力做成，我們必須共同努力。麗茲也教育我必須找到贊助單位，大多數慈善基金會需要一個慈善機構代表我收受資金，俾使基金會得以因捐贈給慈善機構而享受稅務優惠。然後，我將全部金額開發票給慈善機構，並提取之作為我的工資——以自僱人士的身分。找到一個願意為這些資金開闢途徑的機構最初有點挑戰性。不過，生活有時就是這樣，我再次憶起生命的週期以及我們多麼常回到原點。

在我搬到我長大的鄉村小鎮之前，我的家人曾住過雪梨郊區。在那些日子裡，在七〇年代，那裡是農村地區。我上學的第一年就在那裡，經過無數次的電話和電子郵件，終於聯絡上我第一所學校的教堂，贊助大門終於為我打開了。三十五年過去了，現在我坐在辦公室裡，俯瞰著我還是幼稚園小女孩時待過的操場。那過程為我增添了如此美麗的感傷。

我選擇的女子監獄的高級教育主任熱情善良，也讓我在撥款申請變得具有挑戰性時，仍繼續留在那裡。她是個追求進步、熱情的女人，她完全信任我的展望，把我的提案推薦給她的上級。我起初接觸兩間女子監獄，但它們提供的支援差異極大：一間監獄說，他們甚至不提供筆和筆記本，我必須自己準備；另一間不僅提供這些，而且還提供吉他和他們可以協助的任何物品。隨著我參與愈深愈明顯，處理一間監獄和一個班就夠了。選擇去哪間監獄，答案就很清楚了。

好長一段時間，事情似乎沒有進展，但是當它終於到位了，一切便快如閃電，兩天內我就往北方上路了。約有一個月，我跟表妹和她龐大的家族同住。經歷安靜的工作和早先的家庭情況後，再和這麼多人在一起，很奇怪，但也奇妙。這棟房子裡三代同堂，外加七隻貓和三隻狗，相當瘋狂，但我對擁有廚房的渴望無法忽視，儘管聽說租屋難覓，我還是在我到了後的第二天，找到了一間平房。房子在藍山較低處，馬路對面有條小溪和灌木林地，十分吸引人。

我什麼家當都沒有，但毫不擔憂。那感覺很好，而房子來得這麼容易，以致我的信念堅強起來，我相信需要的一切都會來，而它們確實來了，來得跟洪流噴湧而出似的。幾位倉儲業的老闆給了我一些他們被要求清除的東西，一間庫房送了張長沙發來，另一間送了些衣物被單來。我的表弟在當地住了幾十年，熟門熟路，他的朋友送了一台洗衣機，然後來了冰箱、書架、廚房用品、窗簾，還有張古色古香的書桌。一大堆人興奮地當起好人捲起袖子幫忙，他們對我的情況著迷，能給我什麼就給什麼，真是太美了。

我一抵達新南威爾士州，就買了一輛麵包車。雖然我有些想安頓下來，但也去了不少民俗節會，挺懷念擁有一張四輪床的日子。那比在節會現場撐起帳篷更像是我的風格，並且可幫助我保持一種自由感，知道我隨時想走就能走，以及可去任何地方。我購買麵包車和搬進平房的時機點也完全正確，我搬進去的月份正是附近社區進行年度清掃的時候。

人們不想要的家具留在人行道上，準備被扔出去或在垃圾車到達前，誰想要就去拿。我從人們的垃圾堆撿小東西時，他們從陽台向我揮著手，微笑著鼓勵我去拿任何我想要的——一只藤製洗衣籃、一個瘦長的櫥子當碗櫃、一張放在戶外的桌子。我還撿了不少經典的家具。前任主人甚至幫我把一些東西放進卡車，包括一張要放在我的陽台、老舊但很棒的長沙發。

我還參加了許多不停討價還價的車庫特售會，過程中樂趣十足。我唯一在意要用新的是床墊，我想要一張對我的背好的床墊，沒有其他人在上面睡過，只會有我的能量。一個交情不深的美麗女子給了我一份喬遷禮物，因為她很興奮，經過這麼多年我終於定居了。這份禮物剛好就是一張床墊的價錢。因此，在三個星期內，我從擁有六箱可放進小車的東西，變成了配備齊全的兩間臥房式平房，看起來好像我已經在那裡居住了多年。這是個美妙的時光。

我在那裡的第一個晚上，躺在客廳的地板中間，張開雙臂，張口猛微笑。我自己的空間！終於，我又有自己的空間了。那份解脫、感恩和喜悅讓我頭暈，以致幾乎有一個月窩在家中。除了工作以外，我就是捨不得離開房子。當我回到家裡，我會看著我的地方，再次整個人微笑起來。

雖然我申請的資金未全額撥下，但已可用來啟動我的監獄計畫，心想可以隔段時間再申請。不過，收到資金是非常令人振奮的成就，因為看到想法變成了事實。由於資金是私人慈善機構提供的，監獄系統不必支付給我任何酬勞，所以我在他們的眼中是一名志工。

我這輩子從未在任何教室教過課，而現在站在幾十對眼睛前面——許多眼神並不友善——非常有趣。如果我停下來思考，這可能是件艱鉅的工作，但我沒空去想，只是往前工作。

直到我與教育署聯絡，我才首次造訪監獄。就在備妥第一課，以及膽量很大的情況下，我開始上課了。由於每個人只是坐在那裡，臉像個石頭，檢視著我，以及必須在彼此面前保持酷樣，因此一開始需要一些非常冷的幽默才能得到反應。但一段時間後，學生意識到了我還可以。

我們進行押韻練習，我放棄了一些原來課程計畫中的例子，改而即興做例子，使押韻有趣，同時與當下情況更相關，於是和她們一起開我自己的玩笑。

「我穿著綠色制服坐在這裡希望弄出一些曲調，
她是不是一個該死的下午都要談押韻呢？
我想要學彈吉他，好像愛美蘿（註1）一樣，
所以我要堅持下去，不然我還能做什麼？」

一些人開始傻笑，並為寫歌班貢獻心力，講更多的笑話，使得其他人得以放鬆，也說說話。

「所以來吧小姐，快點，教我們怎麼做，
因為我們才不在乎押不押韻，我們希望妳也不在乎。」

笑聲就此破了冰。同時，一旦我們發現了一個共同的主題，在這個情況下是愛美蘿・哈里斯的音樂，我們真的上路開跑了。

註1：Emmylou Harris（愛美蘿・哈里斯），美國鄉村歌手、音樂家。

「好吧，好吧，我聽到妳們說的一切了，但有些東西妳們必須學會，
開我玩笑，押這些韻吧，然後妳們就會得到吉他，
妳們很快就會打從心裡表演歌曲，
但是妳們愈拖拖拉拉，就會愈慢開始。」

我收到的答覆是：

「好吧小姐，如果必須的話，我們會寫這些無聊的韻腳，
但請別搞太久，我想要的是把吉他。」

我們繼續押韻戲謔，結果第一堂課結束前，笑聲已經自由洋溢。大多數女士貢獻豐富，課程變成很有趣的活動。

由於我的誠意，以及對她們每個人的信念，我們之間的信任日益增強，障礙也都拆除了。

我們像一般女人一樣聊天，而我鼓勵她們透過寫歌展現柔軟的一面，也讓她們逐步消除早

先建立起來保護自己的情緒壁壘。寫歌班變成學生非常私人而具療癒效能的空間，我正是從這個療癒的角度設計課程。

大夥兒使用各種寫作練習，學會釋放自己的情緒，懷著希望寫歌。當然，出現描寫憤怒和傷害的歌曲，不過也有描寫夢想和願望的歌曲。當她們被問及如果不受任何限制，沒有財務、地理、技能的限制，她們要做些什麼事情，她們就開始作夢，多年來首次有人傾聽她們的心。一個人想要有與孩子自由的生活，無須理會政府；另一個說要當音樂錄影帶主角；一個要做腹部除皺；另一個想要過沒有家庭暴力的生活（她從來不知道有這種生活）；一個希望能永遠戒除毒癮，另一個想參觀天堂，對媽媽說愛她。

隨著誠實持續流動，很少有哪堂課沒有伴隨眼淚。但是，我們取得協議，不管怎樣，課堂是個支持性的環境，所以，原先相處不來的女人變得寬容，在課堂上相互支持。有人本來因為另一個人在場，甚至拒絕參加，不過當她加入後，不到四堂課，她們已經以彼此的歌聲給了對方真誠的鼓勵，而且在操場也相處得很好，這便是這個班的性質。如此誠實表達自己的勇氣，讓別人可以隨著每首歌進展而產生同情，真正感興趣地聽下去，並贏得她們的尊重。

學習在全班同學面前表演，也讓她們大為緊張，不過，她們互相鼓勵，感受著歌裡痛苦的訊息。一個學生桑迪，唱出身為原住民和白人的混血女人有多困難，在她居住的鎮上，兩邊都不大容得下她。班上其他人知道這種感覺，都鼓勵她，強調這些事情有必要表達出來。另一位學生麗莎，為兒子寫了首歌，告訴他她是多麼以他為傲，她每次表演時都因情緒澎湃而哽咽起來，但感到非常自豪。

她們在課堂上表演具有發洩情緒的效果，因為這可讓她們充分表達，不只是書面表達，儘管這樣也會挑戰她們的神經。不過，我自己多年前在感情上也是如此，一樣害羞而緊張，所以我鼓勵她們，恐懼情緒築起的高牆慢慢瓦解。

幾個月後，當一個向來很膽小的學生，在百餘名犯人和訪客面前獨唱一首新原創歌曲，這時哭的人變成了我，是喜極而泣。

我們班上學生數目不多，但適合每一個人。最初幾班人滿為患，因過大而效果不佳，但在那之後，一班通常約十名固定的學生。班小最好，這些女人需要很多關注，而這樣我能夠照顧每一個人。創作出的歌曲和故事很鼓舞人心、具療癒作用而美好。至少可以說，我們全體間流動的愛非常滋養。強硬的外表下是你我這樣的人——愛自己孩子的人、渴望愛和尊重的人，希望感覺有用、過尊重自我生活的人。

極少數的女人對她們所作所為不感愧疚，大多數想成為更好的人。不過，當我逐漸知道她們個人的故事，我看到的盡是悲慘的過往、極低的自尊以及她們無法打破的惡性循環。她們犯的罪各式各樣，有些是賣淫，在這種情形下，有些人實際上是利用監獄系統得到好處。她們知道各種輕罪的刑期長短，因此會每年犯個小罪，讓她們可以離開寒冷的街道三個月過冬，在監獄裡她們至少有張溫暖的床和規律的飲食。有些人入獄是犯了吸毒或持有毒品、暴力、詐騙、盜竊（起先是為了養活家人，後來改不掉）和酒駕太多次等等不一的罪行。

不過，不論實際的犯罪為何，監獄系統處理的是罪行，而不是它們的傷口，這是她們的行動的根本原因。雖然監獄被稱為懲教機構，但對於認真想改變自己的思想和過去模式的人，幫助有限，這便是最需要療癒的時候，幫助她們打破低自尊、吸毒、家庭暴力和由此流入的犯罪生活的惡性循環。也許即使得到幫助，有些不法份子仍然會犯下罪行。但是，我認識的那些人，如果在監獄和刑期之外持續獲得支持，肯定會改變她們的習慣。

在觀看了在監獄推行靜坐冥想得到成效，以及冥想幫助人們把生活轉向的紀錄片後，我向一些工作人員提起這一點，以及我可以怎麼讓合適人選與他們接觸。我追隨的冥想法門在其他國家教育犯人上已見成效，但他們對我說：「祝妳好運！」隨之附上笑聲並澆我一頭冷水。所以我換條路，改而運用我的能力為學生上課，幫助她們相信自己的美麗和善良。

我透過教她們寫歌，以及透過原創歌曲，讓她們寫出自己的歌，並與他人分享與表演來表達自己。她們當中許多人一生沒得過任何讚美，對我給她們的積極幫助像海綿般吸取，我給她們的回饋統統是真心的。任何改善她們歌曲的建議總是透過溫柔的考量。

隨著她們逐漸信任我，日子出現了有趣的時光，即使在監獄操場也能帶給我生命教育。一天，一個女囚正大聲跟另一個人說話，講她如何設法多取得一雙跑鞋。當她意識到我在聽她講話，她馬上閉嘴了。但在我和其他同學的鼓勵下，她向我解釋了她的計謀。我評論說，這是非常聰明的想法，卻聽到「小姐，妳在哪裡？請記住我們是犯人喔」，我聽得哈哈大笑。

另一位學生某個星期上課時看起來相當緊張，但同時又筋疲力盡。當我問她好不好時，她說：「我現在沒事了，小姐，我過了個可怕的早上。有個人一直找我麻煩，所以我把她的頭放進乾衣機內。現在好了。」我有點驚訝，點了點頭，彷彿說：「我明白。」

「不管怎樣，小姐，一切都好了。我在這裡，現在是音樂時間。一切都沒關係了。要是我沒這個課上，我可能會殺了她。但他們會禁止我上課，那可能會殺了我。」她講著講著坐下來，繼續做她上星期的歌曲。她實際上是個才華洋溢的寫歌人，聲音是我聽過最好的之一，真希望我們是在其他情況下相遇的，因為我會喜歡與她繞著篝火分享歌曲。不過這永遠不會發生了。

一個星期一次，愈來愈多積極的轉變展現出來。帶給人極大的鼓舞，看著也覺得很美好。教育署的人員也樂見課程成功，許多參加這個計畫的學生產生了積極的變化，寫歌班很快就成為她們和我一星期裡的亮點。

家庭生活很美好，我很高興為偶爾來訪的朋友作東，而不是像過去的十幾二十年那樣，都是由我做訪客。經過這麼多次的漫遊後，發現自己變成一個居家的人，並不完全令人驚訝。我現在絕少會想去別處，而且長期看來，我更想在家工作。

所以，我在閒暇時間，根據我在監獄的教材開發了一個詞曲創作的線上課程。我的寫作蓄勢待發，文章在各種雜誌上發表，我也寫部落格，並獲得許多人關注，這凸顯我是多麼熱愛能透過工作，與志同道合的人聯繫起來。這也讓我開始質疑，我是不是想繼續過藝人的艱苦生活。我在監獄教學時，把自己的音樂進展放慢下來，但仍偶爾做一些優質演出。現在當我與對的觀眾接上頭，完全在音樂中忘我時，我愛上了它，但寫作和在家工作能帶來更多的滿足。

平房和監獄工作很美好，沒有太多其他的羈絆。在二十多年的漫遊中，我依然嚮往農場生活給予的空間。我在新住處沒有結交很多朋友，因為經過多年的漫遊，我變得比較深居簡出，喜愛待在家裡。

在我不知不覺的情況下，學生成了我當地的朋友。隨著時間的推移，師生之間或監獄雇員和囚犯之間的牆壁坍塌大半。教室變成了一群女人演奏音樂的地方，我覺得我與犯人間並無隔閡，而有時我也可以輕易地變成她們中的一位。我並沒有用犯罪來證明我的歸屬，但我們之間總是有種親近感，是透過我們感受到的真誠而結合在一起。我自己的脆弱和痛苦的過去，在某些方面仍然在塑造我，雖然遠不及以前那麼多。所以，這可能加強了我與學生的聯繫，因為她們的過去也充滿了痛苦、各種虐待，以及由之產生的自我價值空乏感。

當我第一次到達監獄時，獄方指導了我如何轉移有關我私人生活的問題。雖然我從來沒有告訴她們我住的地方，但當她們問我，我只說我不能告訴她們，而不是指出抽象的方向或者說謊。她們尊重這點，因為現在我們之間已存在信任，但我盡量回答問題。經歷了過去所有那些與臨終客戶誠實的對話，我已能享受更加放開一點。隱私的情緒牆壁會堵住善良，真理才能把人帶在一起。

這些女人真的是最善良、最美麗的，她們都遭受過苦難，許多人對自己的孩子和家庭渴想得不得了。然而，她們的心是令人難以置信的善良。當然，她們曾經搞砸了，犯過錯誤，結果進了監獄，但幾乎沒有一個不知懊悔，而且無一不是有顆善良而充滿愛的心。

經過近一年的監獄教學，資金逐漸用完了。當悲劇發生在幾個親密的朋友身上，我幫助他們，生活變得更加困難。我知道第一輪資金取得多麼困難，懷疑自己是不是還有精力再做一遍。那天夜晚入睡時，聽到我的新鄰居彼此叫罵，我隨之做了決定：返回鄉村生活的時間到了。我已經做了我此刻能做的一切。

我的學生現在大部分已經出獄，或者即將出獄，這讓我自由得多。擁有清晰的頭腦和精力來教導新學生一時不可能，是學習如何照顧我自己的時候了，我通知了獄方和房東，開始制定新計畫。

我的父母年紀愈來愈大，媽媽和我的友誼一如既往地美好，我也很享受與爸爸的可愛關係，我想更接近他們，更方便探望，至少要在幾個小時的車程內。這在澳洲人的距離感是不遠的。我也想在靠近海岸的地方生活。

適合的地區選好了，我接著在網頁上搜尋出租的房屋。我決定好要在哪兩個城鎮之間生活，以及租金上限。幾週後，沒有出現合適的住所，我便在當地報紙上登了廣告，清楚說明找尋的條件。有人提供了幾個地方，不過感覺都不對，但我發現一個新資源，很快注意到一棟很棒的平房，它正是我想要的，租金也剛好能負擔得起，當我回過神來，我已經住到一座兩萬英畝的農場上了。

尾聲
布朗妮

黑暗與黎明

幸福是一種選擇，
但選擇挑戰自己從床上爬起來，
或者在淚水之間見到美麗的東西，
成了往那個方向的刻意選擇。
對他人顯得微不足道的選擇和成功，
對我成為巨大的成就。

一道溪水流經平房前，帶來場景千變萬化的野生動物和美麗。宏偉、巨大的樹木點綴在風景中，鳥兒成天對著我唱，而蛙鳴整夜不絕於耳。每當夜幕垂罩，數以百萬計的明星，取代路燈，在頂上照耀著。這是絕對的幸福，尤其是當我彈著吉他，從一座完美的陽台看著夕陽，或者當雨水猛打鐵皮屋頂的時候。此時我身在天堂，道不盡許多感恩的祈禱。

我再次與大自然的節奏共生，終於過著對我而言最合理的生活。五棟房子，包括農場的，點綴在幅員廣大的丘陵和山谷間。作為租客，我只管享受這空間。

事情感覺起來立即變得更容易、更輕鬆，再次住在鄉村深深給我歸鄉之感。照顧了這麼多臨終的人，又在監獄工作後，我的能量變得非常低，隨著日子一天天過去，我感覺好多了，慢慢地重生，正面的能量和思想再次流動。在丘陵和圍場上漫遊，享受大自然的簡單和複雜，我的療癒和復原過程於焉展開。

前幾年，我坐在許多美妙而智慧的人床邊，汲取他們的經驗，這樣帶來的成長，已然創造了若干積極的變化。我邊回憶邊微笑，不時回顧溫柔的時刻和美好的交談，雖然那種生活似乎離我身後很遠，尤其是當我行走在丘谷間，但那些過往已大大形塑了我，而我無比感恩。

撇除開需要花一些時間在家裡，繼續我的創作之旅外，我這回又要對冥冥大神滿懷信心，相信接下來的步驟，一定會在正確的時間自己展露出來。畢竟，這是以前通常會發生的。我身邊有這麼多的自然之美，以致寫作和音樂的繆思奇妙地在我生活中運作起來，住屋和小溪周圍豐富的自然生命，立即幫助我適應了極簡的生活風格。

不過，在我的意識層深處，我被自我價值破壞性心理模式仍在流連。在意識的層面上，過去十年裡我的思維已多所改進，生活也比以前容易許多。在這方面，我感到平靜與感激，隨著每個更新的一天在恢復中。

然後突然，事情往無法預料的方向一擰。我一直走得很好，所以當我正在療癒的過程中，突然被扔進最黑暗的深處，我完全被擊潰了。那一切來自遠比以往任何時候都要深的地方，我剩下的（我認為是復原的）能量幾乎在一夜之間消失殆盡，彷彿有人從電源插座把我拔掉了，而我跌在地板上攤成一團。事情發生得如此突然，一丁點的能量都不剩了。

找到任何臨時工作、與當地一些人聯繫的想法飛到九霄雲外。面對任何人的想法似乎也不可能，甚至只是做任何工作一會兒的想法都變得沒有可能性，我就是沒有辦法。我被迫進入我存在的核心，好面對這些變化，而這條路真是坎坷不平，但我沒有任何選擇。不論我喜不喜歡它都要來，而一旦淚水開始流下，便沒有辦法停下來。我需要醫治，才能成為我生下來要變成的真實的我，才能完全脫離我的過去。那幾個月成為我一生中最艱難的歲月，因為我意外地一頭摔進了想自殺的憂鬱深淵。

那些最了解我的人簡直不敢相信這是我，要不是我自己經歷過，我可能也會有同樣的感覺。我以前在別人身上見過憂鬱症的樣子，怎麼也沒想到自己會落到這步田地，但那就是憂鬱症的狀況，也是讓許多患者起初如此困難的原因——憂鬱症正在他們身上作祟所造成的震驚。

有些朋友斷然拒絕相信，這怎麼可能呢，布朗妮？妳總是讓別人振作起來，現在就當機嗎？有些人見到我落到這樣脆弱的境遇，根本不知道該如何處理。其他打電話來的朋友提供一些建議，這些建議距離我能做到的是如此遙遠，以致讓我更加感覺受到誤解，而他們還是我以為很了解我的人。我根本沒空擔心別人，只能照顧自己——某些時候甚至連這都做不到。

不過，建議從各個角度繼續湧來，告訴我要如何改變處境。但患有憂鬱症的人最需要的是接受，憂鬱症這疾病是可以促成積極轉型的最具催化力的禮物，但是患者必須獲許以他自己的步伐前進。憂鬱症是現代社會給它的名稱，但事實上，它是精神轉化和覺醒的機會和超好的時機，它可能帶來崩潰，但如果有決心、願意屈服以及有信念，它也可以帶來突破。當然，這不會讓憂鬱症變得有趣。

我一天甚至還沒出現第一個念頭，睜開眼就哭泣起來，我需要那些懂我的人給我慈悲和耐心。有時我醒時甚至沒有意識，我稍微醒來的時候，眼淚就噴湧而出，其他時候，就是為我自己和我的處境悲傷——這些日子，真的，這麼多年來，生命就是一直感覺如此不可能地困苦。

我體認到我沒有再次啟動的能量，但我知道不得不再啟動，這也令我完全無法承受，因為我甚至無法想像有能量做到這一點，更不用說找到能量了。不過，沒有人會走到我的門口，給我完美的工作，特別是當我在這個地區幾乎一個人也不認識的時候。

在我最親密的圈子裡，沒一個人真正知道如何處理我深刻的悲傷和無力，他們繼續打電話給我，說出種種建議想把我救出來，再次正常生活。不過，這只是增加了壓力，因為我還沒準備好如此。

朋友和親人可以做的最好的事情就是接受，接受這就是那個人現在的處境。他們可能出得來，也可能出不來了，但他們很有機會通過這個考驗，尤其如果他們想要的話。他們所愛的人的接受可以支持這種潛力，然而壓力卻是阻礙。受憂鬱之苦的人還必須接受，這就是他們的生命現下的處境。不過，我過了許久才到達接納自己的地方，一路上與自己無法正常地生活搏鬥。

回到土地上生活，挖掘進我心如此深的地方，竟觸碰到深埋在我青春期和身為年輕成年人的痛苦，那時我住在類似的場景中。似乎經由放緩腳步，回到我的根，以及不再把我所有的能量放進照顧其他人，幾十年前有些強行緊密封閉的一缸痛苦，蓋子忽然彈開了。過去十年中，它隨著我著手醫治自己並釋放出我意識到的負能量，開始慢慢滲透出來。不過現在，極度的悲傷已經浮出，如此皮開肉綻而痛苦，不單是出自意識，更出自潛意識。從我年輕時受到多年的批評所生的痛苦，從不以那時我的本來面目獲得接受的痛苦，從我赤裸地暴露在所有的吼叫和嘲諷下所生的所有痛苦——所有儲存起來而我沒有意識到的痛苦都浮出來了。我哭了又哭。

為了真正療癒內傷，除了面對你面前的東西以外，沒有其他選擇——痛苦、認知你的痛苦、成長的機會、醫治的需要以及尋找力量終於變得比痛苦更強的需要。不過，沒有人可以奪走我們的學習，也沒有人能為我們做這件事，別人的愛當然有幫助，而從我親愛的母親和幾個老朋友流過來的愛是很強大的支持，但是我要療癒自己卻是責無旁貸。是該面對自己的時刻了，也是從最深的層次釋放東西的時刻了。

釋放來自各種不同的方式，當然，哭是一種方式，也有人把痛楚寫出來。我做了這輩子第一次尖叫，不是大吼大叫，而是真正的尖叫（其實我身不由己地尖叫過一次，當我從飛機上跳傘而下的時候）。但是，這次是尖叫，非常原始的方式。我很感激居住在距離其他房屋這麼遠的地方。我為自己想向傷害我的人說出來的所有事情尖叫，我也尖叫出痛苦的聲音，沒有附加一句話。我為自己極度沮喪陷於當前的情況而尖叫，我為我感受到的疼痛程度如此高而尖叫。

我無法控制地抽泣著，筋疲力盡地躺著，一點一點地，我好過了起來。在這樣一種極度悲傷而絕望的狀態下，我決定長成更像剝一顆非常大的洋蔥，每當我們剝除一層新皮，就變得更加痛苦，每一層只是令我們哭得更大聲。這便是發生在我身上的，我正在剝一顆氣味十足的洋蔥，大大的嗆人洋蔥。流下的每一滴淚水、寫下的每一句話、分享的每一個想法，都協助一層新皮給剝離。

我每天的目標不是快樂，只是接受我在哪裡的力量。起初除了哭以外，幾乎沒有任何一點力量做其他事，只能從陽台看世界在我面前自然展現。每天持續釋放的負能量令我筋疲力盡，每一天也讓我活在當前。有時要想超過此刻的事情就已經太難了，每天只要活得過強烈情感的煎熬就夠了，我麻木、情緒耗盡、非常非常厭倦生命。

雖然我想起來，幸福是一種選擇，但選擇挑戰自己從床上爬起來，或者在淚水之間見到美麗的東西，成了往那個方向的刻意的選擇。對他人顯得微不足道的選擇和成功，對我成為巨大的成就。一度簡單的事情，例如選擇起床、回電話、把打結的頭髮梳開、穿漂亮的衣服，以及在我只想吃罐頭豆子時準備健康的食物，全都成了偉大的成就。

每天都是不同的，有些日子充滿黑暗、眼淚和傷心欲絕的悲痛。有些人認為我功能失調，困在筋疲力盡的陰霾中，決心為我準備健康的一餐，又冷藏了一些，確保我在比較黑暗的日子還是有好東西吃。其他的日子，當我找到能量，我會到後面的山丘和圍場散步，遠離人類視線，只是吸收自然棲息地的聲音和景象。

冥想仍然是日常生活的一部分，我不敢想像如果我沒有這種技能會做些什麼。此前，冥想已教我痛苦是心識運作的結果，前些年的實踐已幫助我放下了大量不健康的思想。它現在仍然是我完整療傷計畫的一部分。我不知道有誰能夠不靠冥想來對付這種疾病，它教導觀察你的思想的技術，和體認到你的思想並不是你，它們只不過是你腦袋的想法，雖然你的頭腦是你的一部分，但並不是你的全部，你所有的思想也不都是你自己的，許多其實源於別人投射到你身上的想法。

藉著冥想時觀察思想，卻不執著其上，我又找回了寂靜的地方，愛和無疑的地方，知道這場風暴有一天終會過去，了解我心內平靜的一部分仍然存在。我此刻只是不得不更加努力，努力不已，才能到達那個地方。冥想帶來的紀律對我也非常好，它意味著儘管情緒波動，但我每天都有待履行的承諾，表示我必須挑戰自己坐下來，繼續練習冥想，無論我感覺多麼糟糕。

希望，在我的醫治過程起了很大的作用。在半靜止的時刻，我夢想自己再次發揮功能，使用老天賜給我的才能（我們都有），做我喜歡做的工作，賺正當的錢，與朋友一起歡笑，在淡水河邊擁有自己的田畝，敢於再愛，並擁有一個孩子。但最重要的，我只是夢想再次認識幸福，醒過來時只是為了還活著而感到喜悅和興奮。我對快樂夢寐以求，嚮往能再記起那是什麼感覺；是的，我希望快樂。

生活在一個壯麗的環境幫助很大，因為在我周圍的自然世界有這麼多精緻的事物，使我完全給吸收進這樣的時刻，觀看昆蟲和鳥類，聽微風在樹間吹動，看著天空和白雲蒼狗。

我求助時，遇見一位美好的社工，也是一件幸事。她不僅練習與我相同的冥想技術，在某種程度上，她還為我舉了一面鏡子來看自己。透過她的幫助，我從不同的角度看到自己，以一種比較親切的方式，承認自己有顆美麗的心。我也看到了我把多少能量放在照顧別人，而不是自己身上，心底相信我不配受到照顧。這在很大程度上是由於過去別人的意見在潛意識上仍在影響我，那些人儘管不認識我，但自以為認識。目前有一部分的改造，是決心徹底掙脫這些障礙。我也負擔太多朋友的痛苦，在我游泳過去救她時，我也快滅頂了。我必須把對每個人的慈悲和同情分開一點，對我同情的人發出更超然的慈悲。

再次受到提醒我必須對自己慈悲，也是意義重大而具解放性的。這位卓越的社工，幫助我看到我以前為了想保持表面的和平，而幫別人的行為開脫所發展出的壞習慣，最近我已更根據慈悲心做事。她美妙而直接的諮商風格是絕對必要的，她的誠實確實有效，特別是當她問我，是不是想在看護這一行裡得塊奧運金牌？

承認我的痛苦、那些我最需要得到愛的人對我批評幾十年的影響，不再為別人對我做出無情行為找藉口，而把所有的話講開，需要勇氣、我自己允許以及我願意永遠拋棄那些模式。做到這一點的方式是透過學習如何善待自己，以及學習如何接受善待。美好和幸福是我應得的，完全是，即使別人不相信如此，但他們不知道我已走過的路，而那已不再重要了。現在我知道我應當得到善待。正是在確認我應得善待這一重大認知出現後，才讓我接受善待自己。

不過，自卑的舊思維模式仍然緊抓住我，有些日子，我必須使出渾身解數才能強過情感和精神上的痛苦。隨著一層層的征服，美麗和喜悅偶爾露出幾道曙光，感覺既清爽又鼓舞人心，像太陽照在附近樹木的葉子這般簡單的事情，變得如此令人難以置信地美麗，那會把我感動到進入意想不到的幸福。我身上已經醞釀多年的新部分，現在成為了我更自然的一部分，一些永久性的變化真正發生了，我將一些舊思維模式確實給留在身後。

有時我對自己生氣，因為我沒能如我想望的那樣快脫離憂鬱症。但指向任何人的憤怒只是沮喪的期望，所以我放下期望，把自己帶回眼前，感受窗外美麗的東西，放一些音樂，一路跟著唱，或者只是把意識帶回到呼吸或者周圍的聲音。然後，我可以再次接受我的情況，知道我正以正確的步伐過這一關，繼續成長。

但是強過痛苦是非常具有挑戰性的，而美好的日子在幾個月後肯定是回來了一些，但憂鬱症和隨之而來的消極思想，似乎也以更大的決心反擊，它肯定是不願意輕易放過我。畢竟，消極的自我譴責模式已經統治了超過四十年，這些由我允許太多他人意見進入我的信仰體系而創造出來的模式，大幅助長了憂鬱症，我的腦袋似乎運作得像個獨立的主人，而這個主人不想失去對我的控制。

不過，我正成為自己的主人，真正體會到我的價值和美麗，並自覺地選擇將腦袋導入更積極的信念系統。我不再側重老辦法，改而對自己加以尊重和愛。隨著我在家閒混，對自己唱些有趣的東西，關於我自己的善良小調開始流出；當我走過鏡子時，向鏡中美麗的自己打招呼，也成為一個有趣的娛樂習慣；定期讓我的身體接受沐浴和健康食品滋養，也把我帶回了幸福的時光。一點一點，幸福返回了。不過，我的舊心態一點也不喜歡這樣，憂鬱把它醜陋的爪子挖進來，拒絕完全讓出控制。我的思想這樣重組已經進行多年，但現在，最後決鬥正在進行中，只有一方能夠生存。

就在這個高潮期間，向舊的自我完全並永遠道別的天人交戰中，我終於投降了。那變得如此困難，儘管我日常的生活改善了，幸福的時刻日增，但情緒上徹底焦頭爛額，花了那麼多的精力，以致我剩餘的力量突然全部消失，終於把我送上考慮自殺的最後一途。沒有一點點力量留下來讓我保持任何精神紀律或希望，我已經盡我所能，但實在是太厭倦這一切，我想死，我想這輩子就此一了百了。

一個交往超過二十年的朋友是個天使，經常打電話給我。幸好，他自有方法。「拿起電話。我的意思是，妳最好不要自殺。拿起電話。別不理我，拿起這該死的電話。」他會一直重複，直到我不得不笑淚交織著拿起來。雖然他的作法有些非正統，但他的心是我所知最寬闊的之一，而幽默過去曾幫助我倆過了一些關卡。他的作法奏效了，我需要笑聲，我知道他疼愛我，就像我愛他那樣，笑是個被過度低估的療癒工具。

不過，有一天他沒有來電，我剛好到了這輩子從未到過的絕對底限。我潦草地寫下告別字條，甚至無法寫清楚，打算不活了，那太難了。

有人說，最黑暗的時刻總是在黎明之前到來，這就是我一生中最黑暗的時刻，我再也不能忍受這種生活了，不可能再有哪個時刻比此刻更讓我覺得自己糟糕。我厭恨自己儘管做了所有努力，仍然虛弱得不能征服我的心，我恨這輩子容忍了別人這麼多的垃圾，我恨我這麼常將就著接受艱難的生活，我恨要花那麼大的勇氣去創造我想要和我配過的生活。幾乎我自己的一切我都恨，這的確是最黑暗的時刻。

我潦草地寫好道歉和極度悲傷的告別字條那一瞬間，電話鈴響了。我考慮不理會，但還是極不情願地接了。那不是我以為的朋友，不是我所認識的任何人，我所聽到的，是一個女人用快活的聲音對我活潑而快樂地打招呼，接著向我提供救護車保險！

「太好了，」我想。「我甚至沒辦法把自殺做好，我很可能會需要一輛該死的救護車。」

我已在當地選擇了一處岩石裂縫，要把車開進去，好確保我活不成。我已經考慮過細節，因為我不想半途而廢。

她提議的救護車保險（我迷迷糊糊地拒絕了）真正提醒了我，我可能會、也可能不會自殺成功。我想起多年來結識的可愛救護車人員，意識到我是如何地不敏感，如何耗在自己的痛苦中，以致沒有考慮我的行為會影響那些發現我和愛我的人。我也知道，如果自殺不成，我不想要過癱瘓的生活，特別是自己造成的癱瘓，但那不只是救護車的象徵。是那通電話打破了咒語，打破了我在痛苦最底層的陰霾。

那個關鍵時刻確實是個轉捩點，我畢生最大的轉捩點。我不想破壞給了我這麼多自由和機動性的美麗而健康的身體，帶著我經歷一切的身體，我也不想死。當我開始愛我的腿，想起它們把我載過這麼長的路，然後，我便開始喜歡我了。

電話響起的同一刻，我的心臟部位痛苦了一陣。就在那時我意識到，我可憐的、溫柔的、美麗的心已經忍受夠了，它再也不能接受苦難或自我厭惡了，它需要愛來醫治，而那份愛首先必須來自我自己。

尾聲

布朗妮

無憾

喜悅繼續在新鮮的層次顯露出來，
那幾乎像是首次發現生命，
我從未感到這麼自由過。
快樂以我之前從來不知道的快樂，
成為我較自然的狀態，
完全沒有阻礙、歡樂而沒有內疚。

之後，事情改變的速度驚人。憂鬱症在黑夜溜走了，帶走了它沉重的烏雲，它只是在等待愛的到來，而當那發生時，它知道它的角色已經完成所以離開了。接下來的幾天，我透過冥想、感恩和對我美麗的自我的崇敬來恢復能量，這滋養了我的心，而浸泡在浴缸滋養了我的身體。

我在山丘上輕鬆地散步，不催促自己，只是輕輕走著，一路透過重生人的眼睛對生命發出驚嘆。那就像是在無比美麗的世界醒來，以致很難記得先前的世界似的。

為了表示我的新生活開始了，我決定舉行正式的迎新送舊儀式。我從圍場收集木材，點燃美麗的火堆。我生命中有些東西需要適當的告別，那是舊自我的某些面向，以及從之生出的情況。我寫下這些東西，歡迎來到的東西，然後太陽下山，最初幾顆夜星出來，我高興地站在療癒、溫暖的火堆旁。我感謝自己舊有的部分，向之道別，然後把那張紙投進火中，我也歡迎了每項我期待的事情。後來我坐在鄉村天空下，盯著火，對自己和生命感受到巨大的愛，我也感受到不可思議的謝意。

火光繼續暖暖燃燒。我笑呵呵地看著廣闊的星空，認知到透過所有這一切，一個新的人已然誕生，我努力多年以成就的人，現在就是我了，她終於通過考驗了。為他人想了太多藉口的人，已經負載了幾十年的痛苦，而不能接受幸福的那人，也不再被需要了，她的角色現在已經完成。她在我的進化過程中扮演的角色受到溫柔的感謝，現在她不見了。

接下的每一天，喜悅繼續在新鮮的層次顯露出來，那幾乎像是首次發現生命，我從未感到這麼自由過。快樂以我之前從來不知道的快樂，成為我較自然的狀態，完全沒有阻礙，歡樂而沒有內疚。小鳥飛來圍欄唱歌給我聽，並且跟著我欣喜地走在圍場上。我所有的感官變得更加敏銳，感覺就像我剛剛完成幾週靜默冥想，不過這種警覺狀態保持了下來。自然的聲音更清晰，色彩也更明亮而生動，我在平房周圍注意到至少三十種深淺不同的綠色。

那裡面有種空間和清晰，是我一直相信在那裡，但也從未確實了解的。我的過去現在沒有多大意義，我一路所學得的智慧是我的一部分，過去擔任了令人難以置信的學習工具，所有的學習都沒有白費，但塑造了我的痛苦發揮了它的作用，現在已經解體，沒有什麼好證明、好解釋、好辯解的。我的臉微笑得發痛，幾乎在一夜之間，生命轉移到了一個完全不同的平面，而經過多年的實踐，活在眼前已經成為一種生活方式。

然後，機會大門打開了，我創作之旅上所有過去的努力、專注、韌性和犧牲得到回報，我的工作取得了巨大的動力而新的寫作機會從難以想像的來源抵達。對自己的愛敞開了大門，讓偉大的東西流向我這裡，一切都已耐心等候多年，只等我自己準備好。

隨著時間自此展開，美善自然持續增長。新的支援系統也圍繞著我自然生出，無論是專業上還是個人上。當然，總是會有關於自己的新事物有待學習，但即使是最微小的祝福，我也從不視為理所當然。

在過去這些年，我有意識地創造我想像的生活，一次解脫一層我的障礙。我很清楚我想要過怎樣的生活，成為怎樣的人。如果現在偶爾還有堵塞的現象出現，我會對自己保持耐心和愛心，逐漸處理掉這些堵塞障礙，自我發現是個快樂的過程，我也可以對自己的人性一笑置之。

回首過去，我發現每一個在他們過世時我曾照顧過的美好的人，感覺上都比以往任何時候都更接近我。這個老天闡明給我看的新生命，是他們每個人回顧以往，講到他們的遺憾時，所瞥見的一種原先有可能存在的生命。在他們的最後時間，當一切脫落散去，他們看到了生命曾經提供了他們另一種潛在的喜悅，要是他們選擇不同道路生活的話。

不過，並非每個人都講到遺憾。有些人說他們會以不同的方式做一些事情，但並不為任何實際的遺憾而扼腕。有些對他們所過的生活滿意稱讚，或者至少，接受他們所過的生活，不過，許多人的確抱憾以終，而且強烈地希望有人聽到心聲，知道他們的想法。我與每一個客戶共處的時間長度，可能是每個關係展現的誠實多寡的催化劑，對於那些大量的時間，我一直心存感激。

他們分享的遺憾讓我決定，在自己的時間結束時，不要有一樣的感覺，我不可能在得到這種智慧的恩賜後，卻不去學習。我已忍受最大考驗，了解那些挑戰可能有多麼困難，但同時我也明白，通過那些挑戰會有怎樣歡樂的回報。

這些親愛的人在他們逝世前窺見的可能性，那些有潛力帶給我們滿足和愉悅的可能性，現在是我們自己的大限到達前，每個人都有機會學到的教訓。每個新的一天展開，都讓我更加陶醉在美善的自然暖流中，如果希望它流過來，當你學會如何透過信仰和自愛，它就會流過來。

它等待著每個人，你只需要先走出你自己的方式，而這是真正的要務——學習擁有自己的想法，清理掉阻止你讓那一切流過來的垃圾。

學習將一如既往地繼續下去，不是你達到一個成長階段，然後說，「太好了！現在我可以坐下來，什麼都知道了，可以每天混日子，不再學習另一樣東西了。」甚至是史特拉，已在內心旅程做了這麼多工作，仍然需要人提醒有時得放下屈服。她這麼做時，變得能夠在剩下的日子更平靜，在她大限已到，必須離開之前，臉上留下一朵燦爛的笑容。

所以，如果學習從不停止，我們不妨接受它，而不是抵制它。每一天過去，我都可以學習到關於我自己的新東西，我現在可以懷著慈愛去學習，無條件地愛自己，沒有自我評斷。輕輕、親切地笑，也讓成長過程更加順暢。

當葛蕾絲說：「我希望我有勇氣過自己真心想要的生活，而非別人期望我過的生活。」她對她的生活轉變成如此無比悲傷。遺憾的是，做真正的你需要如此大的勇氣，但確實是如此，那有時需要巨大的勇氣。做你自己，不論那是怎樣，有時一開始甚至不能說清楚，甚至不能對你自己說清楚，你所知道的只是內心有種嚮往，那是你目前過的生活所沒有辦法滿足的。解釋給別人聽，如果他沒有做過你的話，可能只會讓你更進一步質疑自己。

但是，正如智者佛陀兩千多年前所說的，「心識無知。菩提心性無惑。」引導你走上喜悅之路的是慈悲心，而不是頭腦。**克服頭腦，放下別人的期望，讓你可以聽到自己的心，然後保有勇氣按照心之所趨去做，是真正的幸福所在。**同時，在掌握頭腦的時候，不斷培育菩提心，隨著菩提心的增長，生活會為你帶來更多的歡樂和平靜。幸福的生活想要你，就好像你想要它一樣。

當安東尼躺在安養院，承認沒有勇氣嘗試更美好的生活時，他悲哀地表明了被這種恐懼統治的後果。這並不意味你也會在時間結束之前在安養院掛掉，但他那缺乏刺激和快樂的生命，跟我們之間數百萬的生命沒有什麼不同，每天只是麻木頭腦的例行公事，安全而可靠，但從來不令人滿意。

創造大變化需要堅忍的毅力，不過，你愈停留在錯誤的環境，並保持作為它的產品，你就愈拒絕了給自己認識真正的幸福和滿足的機會。**生命太短暫了，不可以因為害怕面對帶來的恐懼，就看著它這樣過去。**

好像佛羅倫絲的豪宅花園裡，困住美麗花朵的藤蔓一樣，我們都能夠創造自己的藤蔓。顯然，其中許多並不像她的藤蔓那麼容易剔除，大多數的藤蔓背後有成長了幾十年的實力，不喜歡被剔除，它們會拚命留下來，而如果你讓步的話，它們將扼殺你的美麗。

不過，正如它們是隨著時間而創造出來的，它們也可以隨著時間而除去。這是一個微妙的決心、勇氣和放下的歷程，這是終止在軌道中的不健康關係，並說「夠了」的勇氣。這是尊重及和藹的對待自己，而這兩者都是你應得的。不過大部分情況，脫離自己的藤蔓是有關於成為自己思想和習慣的觀察員，這種意識可幫助解決不健康的關係。

生命是你自己的，而不是別人的。如果你在你已創建的環境找不到幸福的元素，也不試著改善，那麼，每一個新的一天這禮物便被浪費了。一小步或一個小決定就是偉大的出發點，這些還有為自己的快樂負責。幸福的生活也可以不必搬家或在物質世界做任何激烈的事情就找到，這是有關於改變你的知覺和勇於接受自己的欲望。**沒有人可以使你快樂或不快樂，除非你允許。**

是的，擁有做自己的勇氣，而不是別人期望你做的人，可能需要很多力氣和誠實。但是，當躺在臨終床上，承認你希望以前不是那樣做的，一樣需要很多力氣和誠實。在我提到的那些客戶之間，還有許多其他客戶，而這個遺憾，希望他們一直忠於自己，是最常見的一個。

當約翰說，希望他沒有工作得那麼辛苦時，他也講了一些那些年我不斷聽到的老生常談。在約翰的最後幾個星期，他坐在外面陽台觀看海港上人來人往，滿心懊惱。愛你的工作一點都沒有錯，事實上，這是應該的；重點是在找到平衡，使得工作不會成為你整個的人生。我仍然能聽到這個親愛的人深深地嘆了口氣，與他所作的選擇妥協。

然後聽查理堅持生活簡單的好處時，我不得不同意他的智慧話語和生活經驗，真正的價值不在於你擁有什麼，而在於你是誰。臨終的人都知道這一點，他們的財產在最後不再重要，別人怎麼想他們，或者他們已經賺到了什麼財物，在這樣的時刻甚至不會進入他們的思想。

最後，人最在意的是他們已經為所愛的人帶來了多少的幸福，以及他們花了多少時間做自己喜愛的事情。努力確保在他們身後，身旁的人不會留下相同的遺憾。我在臨終的人床邊親眼目睹的生命回顧，沒有一個是希望他們買了更多或擁有更多，連一個都沒有，倒是，最令臨終的人掛心的是他們怎麼過了一生，他們做了什麼，以及他們是否為身旁的人提供了正面的影響，無論那是家人、社群或任何人。

往往你覺得需要的東西，有時是把你困在一個未完成的生活的東西。簡單是改變這種情況的關鍵，其他關鍵包括放下透過所有權或透過別人對你的期望而得到認證的需要。承擔風險也需要勇氣，但你無法控制一切，留在一個看似安全的環境中，不能保證生命的教訓便不會找上你，放你過關，這些教訓仍然會突然冒出，就在你最不經意的時候。不過，生命的回報對那些有勇氣尊重他們的心的人也會如此。**時鐘為我們每一個人滴答滴答，如何度過剩下的日子，是你自己的選擇**。

如同珍珠所理解的，東西在你需要它們的時候流過來。她相信最重要的事是努力尋找你的人生目的，做你的工作，不管它是什麼，懷著正確的意圖，以及不因害怕匱乏而為不愉快的工作環境所困。這是關乎學習和勇於不受限制的思考，以及不試圖控制東西非流向你不可。她說，生命逝去如此之快。的確如此，我們有些人會長壽，很多人不會，但如果你能在這短暫的時間知道幸福和滿足，結束的時刻到來時便無須遺憾，而結束的時刻不可避免會到來。

不幸的是，學習如何表達感情對太多成人是一個挑戰，這也是臨終人深深的無奈和遺憾，包括約瑟夫在內。他想要表達自己，但不知道如何表達，因為他沒有練習過，這為可愛的人帶來的那份心痛是他最大的遺憾，因為他死了都還感覺家人從未真正了解他。其他客戶逐漸罹患了與他們背負的辛酸相關的疾病，也是因為他們從來沒有學會表達自己。

和任何事情一樣，熟能生巧。所以，從勇敢表達自己的小動作開始，你會變得更能輕鬆地把自己放開來，甚至開始享受分享這種誠實。你永遠無法控制別人的反應，然而，當你改而有話直說，儘管旁人最初可能有不佳的反應，但最後，這會把你們的關係提升到一個全新而更健康的水準。要嘛如此，要嘛就是把不健康的關係從你的生活完全解除。無論怎樣，你都贏了。

我們永遠無法知道我們要在世上待多久，也不知道我們所愛的人會待多久，因此，與其必須在你死亡之前抱憾而活，還不如讓那些你珍惜的人現在就知道你的感覺。如親愛的茱德說的，內疚是陪伴你度過餘年的一種有毒的情緒，當你習慣了它，表達自己的感情，感覺也很好。那僅只是你恐懼不知會收到何種回應，讓你不敢表達，所以不妨直擊恐懼，大膽向他人透露你美麗的自我，以免為時已晚。

如果你因為沒對已經逝去的人說出一些話而感到歉疚，現在是原諒自己的時候了。背負著罪咎活下去，是不尊重你的生命，是時候對自己溫柔些了。那是當時的你，並不必然是現在的你。對你曾經是的那個人保持慈悲，這份慈悲由現在的你給他，這是寬恕自己的第一顆仁慈種子。

如果你生命中的人似乎不回應你的誠實表達，那並不意味他們沒有聽到你，或者你不應該表達自己。罹患阿茲海默症的南茜是一個很好的例子。不過，我生活中的其他關係也已經透過一貫的善良和誠實，獲得了改造。很長一段時間，似乎沒有人聽到我的話，但是當其他人都準備好表達自己的感情時，顯然每一個字一路上全給聽到了。不過在最後都無關緊要了，我知道我勇敢地誠實表達了自己，心裡很平靜，如果我們有任何一個意外地被命運奪走生命，我也不會有所內疚。沒有人是被視為理所當然的，沒有人不知道我愛他們，即使他們不能夠誠實地回過來表達自己，告訴人們你的感覺，生命是短暫的。

為桃麗絲找她的朋友給我帶來了真正的享受和滿足，當她談到遺憾不能與朋友們保持聯繫時，我不知道此後有多少客戶也會跟我講同個遺憾，現在我經歷了這麼多，知道了忠誠的老朋友在幫助我走過人生關卡時有多麼寶貴，要理解這個遺憾更加容易了。大多數人都有朋友，但是講到緊要關頭，不會有很多朋友陪你一起度過最困難的時刻。當人將死時，便是這樣一個時刻。

歷史和理解是友誼所提供的東西，當客戶回顧自己的生命，往往是錯過了一起緬懷舊事的朋友，生活變得忙碌，而友誼消逝，生命中總是會有人來來去去，包括朋友在內。但那些真正重要的，那些你最珍愛的，是值得你盡所有努力保持聯繫的，他們是當你最需要時，會在那裡的人，就像你會為他們在那裡一樣。有時不可能親身到場，但即使電話聯繫，也在困難時期給人很多力量和安慰。

朋友的接受和寬恕，尤其是在臨終時，幫助伊麗莎白在酗酒多年後找到平靜。最後，有關係的只是愛和人際關係，但並非所有人都這麼幸運，能夠在最後追蹤到朋友。這就是為什麼一開始不要失去聯繫是很重要的。沒有人知道未來會怎麼樣，也沒人知道什麼時候會渴望朋友，而那時你仍然有他們作為你生命的禮物。

看著哈利的陪伴人名冊，更加強調了在臨終時這一點的重要性，雖然那對他人可能是悲傷陰鬱的時間，但臨終者實際上會希望盡可能地享受他們剩下的時間。朋友為傷心時刻帶來幽默，而這幽默為垂死的人帶來快樂，不論你是否將死，朋友都是那些能夠讓你在最糟的時刻大笑的人。

羅絲瑪麗對我尖叫，要我走開後，又叫我坐在她的床側，從這樣的心態到她承認自己從來沒有允許她快樂，是誠實的表現，那也讓她剩餘的時間受益良多。羅絲瑪麗不相信她配得幸福，因為她沒能達到家人的期望。當她意識到這是一個選擇，於是她學會了讓幸福過來，並且能夠找到她自己蟄伏已久的一部分，這個部分在她的成年生活多半處於冬眠狀態。於是，在她的最後幾週，有時會出其不意地跳出一朵美麗的微笑。

一路上欣賞每一個腳步是通達這樣的幸福的關鍵之一。當凱思對她最後的時光沉思時，她講到過分專注於結果而忘了沿途的風景，結果錯過了很多潛在的幸福。認為幸福取決於某些東西到位，是那麼容易犯的錯誤，而實際上剛好相反，找到幸福的時候，東西就到位了。

雖然不大可能每一天都快樂，但學習把心引向這個方向仍然是可能的。接受憂傷之外有美麗的東西是一個例子，這曾經幫助我走回自己內心平靜的地方。頭腦可能造成巨大的痛苦，但一旦掌握好和正確使用，它也可以用來創造美好的生活。我們每個人都有理由為自己感到難過，每個人都吃過苦，但生命並不欠我們什麼，我們只欠自己，欠自己是不是能充分利用我們現在過的生活，利用我們剩下的時間，以及生活在感恩中。

當我們接受，生命中始終會有學習，這些學習有些會帶來痛苦，有些會帶來幸福，那麼我們便達到了一個更好的平靜。從這個角度看，幸福變成更自覺的選擇，而人生的波濤也不再那麼動盪。有些可能曾經讓你粉碎和受傷的經驗，現在可以透過經驗和智慧學來的技能駕馭過關了。

有時候愚蠢和玩心重並無妨，你只是得讓自己過得去。享受不吸毒或酗酒的樂趣也極可能辦到，並沒有規定說，成年人必須很嚴肅，不能有傻傻的樂趣。把生命用過於苛刻的眼光看待，或者太在意他人會怎麼看你，將會是你在生命結束時面對的遺憾——如果你讓這樣的想法阻礙你的幸福的話。

當然，你的觀點會為快樂造成巨大的差異，這是美麗的萊尼顯示出來的。儘管他生命中有損失，但他專注於收到的禮物上，並把他的生活看作很好的生活。你每天看到的同樣的事物、同樣的生活，都能成為嶄新的禮物，假如你專注於生命的禮物，而不是消極的方面的話。觀點是你自己的選擇，而轉移這個觀點的最好辦法是透過感受和讚賞生命的積極面而心懷感恩。

儘管臨終的人與我分享了他們生命結束時的許多遺憾，但他們每個人都找到了自己的平靜。有些人直到最後幾天才能原諒自己，但他們的確想辦法在過世前做到了。許多人經驗了各種情緒，包括否認、恐懼、憤怒、悔恨以及最糟糕的：自我譴責。不過許多人也在他們最後幾週浮現的回憶中，經歷了正面的感情、愛和極大的喜悅。

不過，在生命正要結束前，他們都平靜地接受了他們的大限已到，都能夠原諒自己的遺憾，不管這些遺憾怎麼折磨了他們。對這些客戶而言，別人經由他們的遺憾學到教訓是必要的事。

他們都是花了時間來沉思生命的人，那些突然去世的人沒有這樣奢侈的機會，而我們許多人也會猝逝。考量你現在過的生活是如此重要，因為你過世的時候，可能只有一點時間讓你找到平靜或者沉思，那時候，你會在死前知道，你已經把整個人生花在透過錯誤的管道追逐快樂上面，而快樂總是躲避你，總是差一點把握不到，總是要依靠正確的東西或情況才能來到你身邊。你會在死前知道，在為時已晚前改變方向的機會，剛剛溜走了。

這些親愛的人在他們過世之前找到的平靜，你現在就可以得到，無須等待到你最後的幾個小時。你可以選擇改變生活，勇敢地去過忠實於你心的生活，讓你死而無憾的生活。

仁慈和寬恕是一個很好的起點，不只是為了別人，也是為你自己。原諒自己也是這個歷程必要的組成部分，沒有了它，你會繼續為心中既有的壞種子添加肥料，因為你對自己太壞，就像我曾經做的。但自我寬恕和仁慈會削弱這些種子的力量，更健康的種子將替代它們，並發展壯大，時間到了便可蓋過舊的種子，直到沒有東西留下來維持其增長。

改變你的生活所需要的勇氣，在你對自己和善時更容易找到。好東西需要時間培養，所以還需要耐心。我們每一個人都是了不起的人，只有我們自己的思想會限制我們的潛力。我們都是驚人的。當你想到眾多形塑了你的遺傳和環境的影響，包括透過你自己獨特的生物組成而來的基因，那讓你成為一個相當驚人而特殊的人。你生命中到目前為止的所有經驗，不論好壞，也促使你不像這個星球上的任何其他人。你是特殊的。你是獨一無二的。

是時候來實現你自己和他人的價值了。放下你的評斷，對自己和別人都仁慈些，因為沒有人曾經真正走過別人的生命，從別人的眼睛看世界，或者透過別人的心感受世界，所以也沒有人知道彼此到底受了多少苦難。換位思考大有幫助。

善待別人，拋開你的判斷，這樣你會種下更好的種子，也是善待自己。原諒自己指責別人使你不快樂，學習對自己溫柔，接受自己的人性和脆弱，也原諒別人指責你為他們帶來不快樂。我們都是人，我們都說過和做過本來可以用更仁慈的方式說和做的事情。

生命倏乎而止，抵達人生終點了無遺憾是可能的。想要過得正確而快樂，要尊重你要過的生活，需要一些勇氣，但選擇權在你，而獎勵也是如此。**享受你剩下的時間，珍惜你生命中所**

有的禮物，而那包括你那驚人的自己。

尾聲
布朗妮

微笑而知道

我繼續往追求新生命的路上邁進：
只有透過脫卸我舊有的，
我才能夠真正知道那是誰，而我愛她。
我愛她的勇氣，我愛她的心，
我愛她的創造力，我愛她的腦袋，
我愛她的身體，我愛她的和善，
我愛她的一切。

當我觀看我現在的生活，有時仍令我不敢置信。我想像的生活每一天都變得更加接近現實。我想像的人，現在是我了，那是透過勇氣、韌性、紀律以及透過學習愛我自己的心而成真的。生活其實可以是輕鬆而歡樂的，它其實可以流動無礙。更妙的是，我繼續調整和成長，繼續接受一路上老天給我的都是我應得的，而事情也變得更加順暢。

一句短短的座右銘讓我的信念保持堅強，通過那最後的黑暗時期：「微笑而知道」。在特別艱難的一天，我的舊思維又拚命告訴我，我不配得到我夢想得到的東西；同時，我的新思維也試圖永遠搬進來，要我放心我值得。所以，我祈禱得到一些非常簡單而明確的指導，在我含淚的狀態下不難記得的話語，好克服艱苦的日子。我需要一些每當我低潮，便可讓我堅強而帶有希望的東西。結果「微笑而知道」這幾個字在我腦海浮現。

我寫下這幾個字，把它們放在家中顯眼處。每當我走過它們，一份對自己的承諾便兌現了，我會微笑而知道，知道這個時間會過去，而好事接著會來。

當你微笑的時候，你保持堅定信心也容易得多，所以那會自動提升我的心情，向我保證我的確會找到更多的理由再次微笑。看到這些字沒有道理不微笑起來，因為微笑本身便可讓理解更容易，所以我微笑了。

後來，我在下面加了「感謝而了解」，把感恩的祈禱提前說出來，懷著信心和信念那一切正朝我而來。**「微笑而知道；感謝而了解」**，這便成了我的口頭禪，每當我能夠的時候便竟日微笑而知道。我這麼做的時候，有完全的信心，這讓我自然想要感謝。我的祈禱、夢想和意圖也已經給聽到了，我唯一的工作就是「微笑而知道」，還有「感謝而了解」。當然，這使我能夠比以前更能微笑得多。

當然，有些時候我不夠堅強到足以借鑑這些話的程度，包括那極度悲傷和敗給命運的最後一天。但是，那個投降的時間是最終的轉捩點。我無法再與過去的痛苦一起生活，而在某種意義上我是對的。那是我生命的結束，至少那是我知道的，但我的肉體不必死亡，只有我那老舊的精神部分會死，那些有關於自我的老概念無法活過我自己的明光，已悄然展現多年的新生命終於得以重生。

當我微笑而知道時，我的夢想感覺很真實，更成為了我的一部分。這就是為什麼機會大門在我終於能夠了解自己的價值時，就打開了。夢想已經到達，只是在等待我讓它們通過，所以我是以一顆歡樂的心打開自己，讓美好流入我的生命。它們的確以許多不同的形式流入：個人上及專業上。

一段時間後，我驚喜地聽說我親愛、美好的父母準備安排素食聖誕節大餐，這讓我全心全意地笑了，知道剛剛才得了個世界上最好的聖誕禮物。我一直夢想至少要有一次聖誕節吃素，盼了超過二十年，當它終於來臨，它來得如此自然輕鬆，以致我們都同意，那是我們經歷過的最美好的聖誕節。我媽媽在我旁邊切菜，一起放肆大笑，我爸則整理音樂。一九五〇年代的鄉村樂在家裡迴盪，我們邊笑邊聊邊準備大宴，那真是歡樂又輕鬆。

我的工作繼續成長、興旺，帶來滿意和享受，雖然在我們生活的時代，被別人僱用有可能找到你喜歡的工作，但對我而言最佳的前進途徑是為自己工作，那是我最需要和想要的東西：照我的方式過活，包括我的工作。高層次的動機和驚人的清晰陪伴我進入新的存在層次，連同舊的生活最好的部分，包括自律在內。

在當地接觸新朋友，到處開會，靈感和想法泉湧而出。隨著我重新進入世界，愈來愈興奮起來，也為自己創造了新的有利機會。透過幾個社區團體，我為社會弱勢階層開辦詞曲創作工作坊。再當老師，再當自己的老闆很可愛，當然，觀看學生在班上的轉變也讓我覺得回報很大。

歷經我過去的嚴肅生活後，讓我在工作中得到更多喜悅的時候到了，所以我製作了一個兒童節目，對象是五歲以下的兒童。看著令人愉快的、奔放的小人兒跟著我的新歌曲唱唱跳跳很愉快。寫作機會也出現了，還有一張成人歌曲新專輯，當我們把拖住自己的東西都甩掉後，我真是驚訝，我們竟能夠做出這麼多事，同時表現真正的創造力。

我的部落格也經歷了大風浪，把更多人帶進我的工作。我還利用我的歌曲和文章，創作了造型快樂又積極的T恤、保險桿貼紙和倡導戒酒的袋子，從之流出了想法，主動的行動也伴隨而來。

正如我現在依偎在一個美好的男人身邊，分享我秋天的夜晚，我微笑著看著生命可以有多少改變。他是個可愛的人。有些事情我們都得先放下，然後才能找到彼此，但時機很重要，我現在是以新的觀點去過生活。

我在最好的方式下接收到關於生命週期的提醒，死亡肯定已透過他人直接顯示給我。不過，我也已透過觀察舊的我終於不復存在，知道我自己的一種死亡。那是種精神的死亡，控制了我幾十年的一部分終於死了。這是一個新精神的誕生，是我一直不正視的誕生，我希望它存在的誕生。那是個痛苦的死亡，然而它真正讓我擺脫了過去的制約、不必要的負擔、所有把我拖住的東西。

真正的我，現在得以無拘無束地生活。我繼續往追求新生命的路上邁進：只有透過脫卸舊有的我，我才能夠真正知道那是誰，而我愛她。我愛她的勇氣，我愛她的心，我愛她的創造力，我愛她的腦袋，我愛她的身體，我愛她的和善，我愛她的一切。

生活往新的方向移動。這是個新的開始，我自己的新生。一個珍貴的寶貝現在在我體內生長，我獲得了有機會為人母的祝福，隨著我的子宮擴大，我的身體以神聖母道之姿膨脹，我感到極度幸福和無比的感激，能夠知道這樣的經驗。那是個遠離我一度知道的生活的世界——隔離、悲傷、絕望。然而又一次，我受到了提醒，我們一生中到底可以進入多少種情況。謝天謝地，我沒有在我以為該死時結束我的生命。謝天謝地。

母親和孩子之間的紐帶與日俱增，整個懷孕過程中我幸福地一直非常健康，不像很多其他可憐的孕婦會孕吐。我絕對愛懷孕，並且很快即將引導另一個靈魂走過他的人類之旅，直到他大到可以往自己選擇的方向高飛。生命肯定可能有其死亡和結束的部分，但它也有誕生和開始的部分，我很感激生死都已見過這麼多，無論實際上以及象徵性的。

每當我把自己交給冥冥大神，滿懷信心地向未知前進，事情發展的結果從來不像我所想像的，但是從長遠來看，事情總是會變得更好。**信仰是一種強大的力量，可以創造令人難以置信的幸福。**放下限制，放下試圖控制事情如何發展，對一個人的自我是巨大的禮物。

就像對我一樣，奇怪的是，對許多人來說最難的事情之一，是學習如何接受，如何體認到你是配得到幸福的，然後讓美善流動。我這輩子得到的最神奇的解決方案，常來自其他人，我們全都比我們承認的更加相互關聯得多，並且在彼此的生活中扮演比我們知道的更大的角色。

如果你真要見到夢想實現，學習接受是必要的。如同任何一個天生大方的人所知道的，施比受更有福，但如果你施了又不受，那麼你不但封鎖了自然流向你的東西，創造了不平衡，也奪走了別人施予的樂趣。所以，讓別人也施些東西，唯有驕傲或缺乏自我價值，才會阻止任何人接受，而我們每個人都應該得到這種美善。

如果你是一個不知道如何真正施予的人，那麼繼續練習吧。嘗試看看施而忘施，不帶任何期望，這感覺很好，施只為施的樂趣。不過，帶有附帶條件的施不是真正的施，施了之後又憤怒地提醒人，也不是施。施了之後等待好事回流給你，也不是施真正的意義。但施只為施，無論是在戀愛、為了做好事還是要行動，都是真正的樂趣所在。沒錯，懷此意向而施的人會受到獎勵，但並不總是立即領獎，也未必以你想像的方式回報。但你需要知道如何接受，讓善意雙向流動。當然，這也包括施與受你自己。

改變世界和我們是有可能的，隨著我們改善自己的生活，朝向無憾的目標工作，我們很自然地改善我們周圍的所有生命。我們有可能扭轉我們在社會製造的隔離與不和諧，快樂是有可能的，我們仍然健在時朝向死而無憾努力，是有可能成功的。

我們都有脆弱的一面，好像細緻的玻璃球。想像一下有著圓形玻璃圍繞球體的老式燈泡，我們所有人都有一部分就像是顆細緻的光球。一道美麗的光線從裡面照射出來，可以消除來自任何地方的黑暗。

當我們出生時，我們都閃閃發光，帶給所有人無比光明和幸福，人人對我們的美麗和光彩驚嘆。然後隨著時間推移，別人開始對我們扔髒東西，這些髒東西跟我們沒有關係，是那些扔的人的髒東西。但他們就是要砸在我們身上，過了一會兒，不只是離我們很近的人向我們扔垃圾，學校的朋友、同事、社會、許多我們遇到的人也扔。那對我們每個人造成不同的影響，有些成為受害者，有些成為惡霸，有人把它留著，讓它在心內留很長一段時間，有些則似乎讓它去得很自然。不管它如何影響我們每個人，但它仍然阻礙了我們原來的光芒以及那些光芒以絕對最佳的能量所閃耀出的善良。

我們被這麼多人扔髒東西，結果我們竟然心想他們必定是對的，於是我們也加入，對自己扔髒東西。為什麼不呢？那樣多扔髒東西的人，不可能都是錯誤的吧。如果我要對自己扔髒東西，那麼也向別人扔髒東西，一定也是正常和可以的，是的，我會扔更多一些，然後我會繼續讓別人扔給我。最後，你會背負這麼多的髒東西，以致不但你被拖了下來，你的光也完全看不到了。你身上每一寸都蓋在垃圾裡，許多是別人拋出來的，有些是當你加入，對自己也拋垃圾的結果。

然後有一天，你會記得你心中曾經有道美麗的光芒照耀著，但是已經黑暗了這麼久，你很難記住自己的那一部分。不過，它有時仍然可以感覺得到，當你安靜下來，自己一個人的時候。溫暖的光芒儘管被黑暗包圍住了，但其實一直閃耀著，你意識到你想再度閃耀，你想要記起來，那個沒有背負其他人或你自己的垃圾的你，到底是誰。

於是，你說你受夠了，你不再允許任何人對你扔垃圾。人們不喜歡這一點，但是，你下定決心移出丟垃圾的人的範圍。慢慢地，你開始非常輕柔地擦拭，將一些髒東西清除，但必須做得很溫柔，因為你在那下面是難以置信的脆弱，如果你做得太粗暴或太匆忙，你會粉碎而永遠再也不知道你的光了。

所以，你慢慢地、耐心地清除那些髒東西。有一天，一道微小的光突破射出，於是你再次瞥見自己的美好，這感覺很棒。這時，有人向你拋出一些垃圾，你必須再次開始清除它，所以你把那塊髒污擦掉，再清理掉一些。不過，你被自己看到的嚇壞了，於是你再扔些給自己。你不值得閃耀得如此明亮的。這裡還有一些垃圾，但光已經再度瞥見了外面，開始閃耀得明亮，它希望給看到。

隨著每一點光開始閃耀出來，你感覺更好，它讓你嚐到不再背負所有那些你背著的重擔是怎麼美妙的味道。這使你辨認出，別人也都背負許多擔子，而你感到同情；你決定，從現在開始，你不會再向別人扔更多的垃圾。畢竟，如果我們一直到處亂丟垃圾，又互相丟來丟去，我們怎麼能閃耀出最美好的光芒呢？所以你回頭改善自己，非常輕柔地再擦掉一點點。那需要很多的耐心和溫柔，一次做一點點，但每次另一道光突破，興奮冒出，你便又瞥見一眼自己的美麗和光彩。

有時你受到誘惑，又想對自己或他人拋出一些垃圾，因為你已經幾乎一輩子習慣了這麼做。但你看到你閃耀出的小小光芒幫助了別人，他們也變得更加勇敢，他們開始清理自己的一些髒東西。他們也必須很輕柔，因為大家心下都是細緻而脆弱的，很容易就被粉碎。你也想要幫助別人清理他們的垃圾，但他們必須自己做，因為只有他們自己知道心底是多麼脆弱。

你可以告訴別人你是怎麼做到的，也許這可以幫助他們。但是，他們必須親自做這份工作，以他們自己的步伐，同時以他們自己的方式。當然，並不是每個人都有勇氣或力量一下就把這一切做好，所以，你要有耐心、尊重和慈悲，因為你現在明白，那有時會是個非常痛苦而可怕的經歷。

你自己的光就像那樣。你心裡有道光，美麗而有閃爍的潛力，但你需要對自己耐心和溫柔，才能消除你已經帶在身上幾十年的所有髒東西。隨著每一點髒污被清除，更多一點你真實的自我也將照耀出來。

從那些已經離去的人們的床邊分享出來的遺憾，每一個都需要勇氣和愛去征服，但是，選擇在你。好像一盞想要照耀得輝煌而愉悅的燈，你心裡有個導引會帶領你過關，一次一步。

做你自己，找到平衡，說實話，重視你愛的人同時允許自己快樂。如果你做到這一點，那麼你將不僅是尊重自己，所有那些在他們的最後幾個星期感到絕望的人，那些早先在他們的生活沒有勇氣這麼做的人，也將得到尊重。選擇在你，你的生活是你自己的。

當挑戰抛進你的人生路，你想知道到底會怎麼樣，你到底會在某一個特定的關係中如何找到平靜，你需要的聯繫人什麼時候會到達，或者你要怎麼找到錢好使某件事情發生時，只要記住，你的心要什麼，他也會想要你。你只是有時必須走出一條新路，竭盡所能，然後放下，走出一條新路。

然後，當你發現自己在這個位置了，站直身軀，挺起胸膛，深深吸一口愛的氣息，為你成為的人感到自豪地走下去，懷著充分的信心和信任你配得這些，你的禱告老天已經聽到，而他們已經在走向你的途中。你只須記住這一句：「微笑而知道。」

只是微笑而知道。

人生顧問 CFS0362

和自己說好，生命裡只留下不後悔的選擇：一位安寧看護與臨終者的遺憾清單

作　　者—布朗妮・維爾
譯　　者—劉鐵虎
封面設計—季曉彤（小痕跡設計）
內頁設計—花樂樂
責任編輯—林巧涵（舊版）、施穎芳（新版）
責任企劃—汪婷婷

總 編 輯—周湘琦
董 事 長—趙政岷
出 版 者—時報文化出版企業股份有限公司
108019台北市和平西路三段二四〇號二樓
發行專線　（02）2306-6842
讀者服務專線　0800-231-705、（02）2304-7103
讀者服務傳真（02）2304-6858
郵撥 1934-4724時報文化出版公司
信箱 10899臺北華江橋郵局第99信箱

時報悅讀網—http://www.readingtimes.com.tw
電子郵件信箱—books@readingtimes.com.tw
時報出版風格線臉書—https://www.facebook.com/bookstyle2014
法律顧問—理律法律事務所　陳長文律師、李念祖律師
印　　刷—紘億印刷有限公司
初版一刷—2019年4月12日
初版二刷—2021年12月24日
定　　價—新台幣320元

和自己說好,生命裡只留下不後悔的選擇：一位安寧看護與臨終者的遺憾清單 / 布朗妮.維爾(Bronnie Ware)著；劉鐵虎譯. -- 初版. -- 臺北市：時報文化, 2019.04
面；　公分. -- (人生顧問；CFS362)
譯自：The top five regrets of the dying : a life transformed by the dearly departing
ISBN 978-957-13-7771-1(平裝)
1.自我實現 2.生死學
177.2　　　　108004725

THE TOP FIVE REGRETS OF THE DYING

Published in 2012 by Hay House Australia Pty. Ltd

ISBN　978-957-13-7771-1
Printed in Taiwan

時報文化出版公司成立於一九七五年，
並於一九九九年股票上櫃公開發行，於二〇〇八年脫離中時集團非屬旺中，
以「尊重智慧與創意的文化事業」為信念。